1 MONTH OF
FREE
READING

at
www.ForgottenBooks.com

By purchasing this book you are eligible for one month membership to ForgottenBooks.com, giving you unlimited access to our entire collection of over 1,000,000 titles via our web site and mobile apps.

To claim your free month visit:

www.forgottenbooks.com/free1010834

ISBN 978-0-331-07329-4
PIBN 11010834

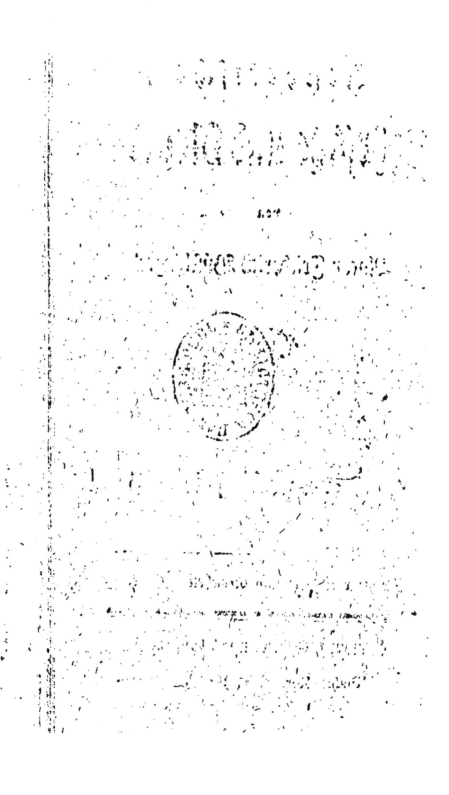

Vorrede.

Folgende wenige Bogen haben ehedessen den Anfang des ersten Stücks meiner Geschichte und Grundsätze der schönen Künste und Wissenschaften ausgemacht; ich habe aber 1774 für mich und andere, welche Vorlesungen darüber anstellen wollen, bequemer gefunden, daß

)(2   sie

sie von denselben abgesondert, und unter
einem eigenen Titel ausgegeben würden.
Da sie nun seitdem in unterschiedene
Schulen eingeführet worden, so sind sie
abgegangen, und haben aufs neue gedruckt
werden müssen.   Ich habe diese neue
Auflage nicht ohne Verbesserungen und
Zusätze ans Licht treten lassen wollen;
doch habe ich noch mehrere, mir selbst
und anderen, zum mündlichen Vortrag
vorbehalten.

Berlin, am 20 August 1775.

Inhalt.

Inhalt.

)(3   1) Er:

)(3

Allgemeine
Betrachtungen,
welche
zu einer Einleitung
in die
schönen Künste und Wissenschaften
überhaupt dienlich sind.

Name und Anzahl der schönen Künste und Wissenschaften.

§. 1.

Dieser Grundriß, betrift die Bildhauerey, die Bildgraberey, Kupferstecherey und Formschneiderey, die Mahlerey, das schöne Bauwesen, die Beredsamkeit, das Dichten und Tonsetzen. Von diesen schönen Künsten, werden die drey letzten auch schöne Wissenschaften genannt, und daher rühret der zusammengesetzte Name Schöne Künste und Wissenschaften.

Ob sie insgesamt zu den schönen Künsten und Wissenschaften zu rechnen sind? und ob außer denselben noch andere Künste und Wissenschaften mit dem Namen der schönen beleget werden müssen? darüber sind die Gelehrten noch nicht einig. Ohne mich in diese Streitfrage einzulaßen, will ich nur noch dieses anmerken, daß man zuweilen von der schönen Kunst im Gegensatz der schönen Wissenschaft rede, und alsdenn unter jener, die Fertigkeit ein schönes Werk zum Stande zu bringen, unter dieser aber, die Fertigkeit, die Grundsätze und Regeln der schönen Künste deutlich und gründlich zu lehren, verstehe.

Eine

Eine Theorie derselben ist noch zur Zeit nicht vorhanden.

§. 2.

Eine allgemeine Theorie der schönen Künste und Wissenschaften, würde eine Philosophie über den Geschmack seyn. Sie würde zeigen, wie die Begriffe von Schönheit und Häßlichkeit in der Seele entstünden. Vielleicht würde sie auch allgemeine Grundsätze und Regeln ausfindig machen können, die für die schönen Künste, und für die schönen Wissenschaften gleich brauchbar, und also zur Vereinigung derselben dienlich wären.

§. 3.

Allein zu einer solchen Aesthetik haben wir noch zur Zeit keine hinlängliche Anzahl ausgemachter und unwidersprechlicher Grundsätze, sondern wir müssen uns, wenn wir untadelhaft handeln wollen, auf eine mäßige Anzahl Lehrsätze und Regeln, die aus der Erfahrung genommen sind, einschränken.

§. 4.

Man streitet auch noch darüber, ob der Geschmack ein von den übrigen Kräften der Seele unterschiedenes Vermögen sey? oder, ob er nur die Summe aller Kräfte der Seele sey, in so fern sie entweder Wohlgefallen oder Abscheu mit sich führet? Dieses wird eben sowohl, als jenes, von scharfsinnigen Philosophen behauptet.

§. 5.

§. 5.

Der Unterscheid der Meynungen ist noch größer. Einige halten den Geschmack für ein natürliches Vermögen aller Menschen, welcher aber in den einzelnen Menschen eben so verschieden sey, als die übrigen Kräfte. Andre hingegen sehen den Geschmack nicht für eine eigenthümliche Kraft der Seele an: doch halten sie dafür, daß der Begriff der Schönheit so allgemein ausgemacht sey, daß das wircklich Schöne auch von allen Menschen dafür erkannt werde. Ob, und in wie ferne, das letzte wahr sey? wird sich bald zeigen.

Von dem Schönen.

§. 6.

Es scheinet, daß die Menschen nicht fähig sind, die Schönheit an und vor sich selbst zu empfinden und zu beschreiben. Auch die Empfindung der schönen Dinge, gehört zu den einfachen und höchsten Empfindungen, über welche wir uns sehr schwer erklären können. Unsere Schwäche gehet noch weiter. Es fällt uns schwerer, von Kunstwerken zu sagen, ob sie schön sind, als von natürlich schönen Dingen. Die Ursach dieser Unvollkommenheit ist, weil jene, wenn sie gleich nach Begriffen einer hohen Schönheit gebildet sind, unsere Leidenschaften weniger reitzen und erwecken, als diese.

§. 7.

Die Menschen gehen in ihren Urtheilen auch darinn sehr von einander ab, ob einzelne Dinge

A 3   schön

schön sind? und in welchem Grad sie es sind? ungeachtet dieses leichter zu beurtheilen und zu sagen ist, als worinn die Schönheit überhaupt bestehe? Ich will sieben Ursachen von diesem Unterschied der Meynungen angeben, ohne zu behaupten, daß genau diese Anzahl angegeben werden müße.

§. 8.

Die Werkzeuge der Empfindung, sind nicht nur bey einem Menschen von Natur anders beschaffen, als bey dem andern, sondern auch durch die Uebung und Erfahrung auf verschiedene Weise ausgebildet. Auch die Einbildungskraft, der Verstand und das moralische Gefühl, sind bey einzelnen Menschen sehr unterschieden: und dieser Unterscheid hängt gewiß mit vom Bau und Zustand des Körpers, und also auch von demjenigen ab, was einen Einfluß in denselben hat.

§. 9.

Wenn die Menschen überhaupt, und die Künstler insonderheit, nicht vom Anfang an vorzügliche Muster des Schönen empfunden, und nach denselben gearbeitet haben: so haben sie mangel- und fehlerhafte Eindrücke von dem, was schön ist, und wissen das wahrhaftig Schöne weder zu beurtheilen, noch nachzuahmen.

§. 10.

Die aus der Erziehung, Gewohnheit, Religion und Regierungsform entstehende Vorurtheile, verursachen, daß gewissen Dingen Schönheit entweder ganz, oder zum Theil zugeschrieben und abgesprochen wird.

§. 11.

Inhalt.

)(3   1) Er⸱

Allgemeine
Betrachtungen,

welche

zu einer Einleitung

in die

schönen Künste und Wissenschaften

überhaupt dienlich sind.

Betrachtungen

zu einer Einleitung

in die

Name und Anzahl der schönen Künste und Wissenschaften.

§. 1.

Dieser Grundriß, betrift die Bildhauerey, die Bildgraberey, Kupferstecherey und Formschneiderey, die Mahlerey, das schöne Bauwesen, die Beredsamkeit, das Dichten und Tonsetzen. Von diesen schönen Künsten, werden die drey letzten auch schöne Wissenschaften genannt, und daher rühret der zusammengesetzte Name Schöne Künste und Wissenschaften.

Ob sie insgesamt zu den schönen Künsten und Wissenschaften zu rechnen sind? und ob außer denselben noch andere Künste und Wissenschaften mit dem Namen der schönen beleget werden müssen? darüber sind die Gelehrten noch nicht einig. Ohne mich in diese Streitfrage einzulaßen, will ich nur noch dieses anmerken, daß man zuweilen von der schönen Kunst im Gegensatz der schönen Wissenschaft rede, und alsdenn unter jener, die Fertigkeit ein schönes Werk zum Stande zu bringen, unter dieser aber, die Fertigkeit, die Grundsätze und Regeln der schönen Künste deutlich und gründlich zu lehren, verstehe.

Eine

Eine Theorie derselben ist noch zur Zeit nicht vorhanden.

§. 2.

Eine allgemeine Theorie der schönen Künste und Wissenschaften, würde eine Philosophie über den Geschmack seyn. Sie würde zeigen, wie die Begriffe von Schönheit und Häßlichkeit in der Seele entstünden. Vielleicht würde sie auch allgemeine Grundsätze und Regeln ausfindig machen können, die für die schönen Künste, und für die schönen Wissenschaften gleich brauchbar, und also zur Vereinigung derselben dienlich wären.

§. 3.

Allein zu einer solchen Aesthetik haben wir noch zur Zeit keine hinlängliche Anzahl ausgemachter und unwidersprechlicher Grundsätze, sondern wir müssen uns, wenn wir untadelhaft handeln wollen, auf eine mäßige Anzahl Lehrsätze und Regeln, die aus der Erfahrung genommen sind, einschränken.

§. 4.

Man streitet auch noch darüber, ob der Geschmack ein von den übrigen Kräften der Seele unterschiedenes Vermögen sey? oder, ob er nur die Summe aller Kräfte der Seele sey, in so fern sie entweder Wohlgefallen oder Abscheu mit sich führet? Dieses wird eben sowohl, als jenes, von scharfsinnigen Philosophen behauptet.

§. 5.

§. 5.

Der Unterſcheid der Meynungen iſt noch größer. Einige halten den Geſchmack für ein natürliches Vermögen aller Menſchen, welcher aber in den einzelnen Menſchen eben ſo verſchieden ſey, als die übrigen Kräfte. Andre hingegen ſehen den Geſchmack nicht für eine eigenthümliche Kraft der Seele an: doch halten ſie dafür, daß der Begriff der Schönheit ſo allgemein ausgemacht ſey, daß das wircklich Schöne auch von allen Menſchen dafür erkannt werde. Ob, und in wie ferne, das letzte wahr ſey? wird ſich bald zeigen.

Von dem Schönen.

§. 6.

Es ſcheinet, daß die Menſchen nicht fähig ſind, die Schönheit an und vor ſich ſelbſt zu empfinden und zu beſchreiben. Auch die Empfindung der ſchönen Dinge, gehört zu den einfachen und höchſten Empfindungen, über welche wir uns ſehr ſchwer erklären können. Unſere Schwäche gehet noch weiter. Es fällt uns ſchwerer, von Kunſtwerken zu ſagen, ob ſie ſchön ſind, als von natürlich ſchönen Dingen. Die Urſach dieſer Unvollkommenheit iſt, weil jene, wenn ſie gleich nach Begriffen einer hohen Schönheit gebildet ſind, unſere Leidenſchaften weniger reitzen und erwecken, als dieſe.

§. 7.

Die Menſchen gehen in ihren Urtheilen auch darinn ſehr von einander ab, ob einzelne Dinge

ſchön

schön sind? und in welchem Grad sie es sind?
ungeachtet dieses leichter zu beurtheilen und zu
sagen ist, als worinn die Schönheit überhaupt
bestehe? Ich will sieben Ursachen von diesem
Unterschied der Meynungen angeben, ohne zu
behaupten, daß genau diese Anzahl angegeben
werden müße.

§. 8.

Die Werkzeuge der Empfindung, sind nicht
nur bey einem Menschen von Natur anders beschaffen, als bey dem andern, sondern auch durch
die Uebung und Erfahrung auf verschiedene Weise
ausgebildet. Auch die Einbildungskraft, der
Verstand und das moralische Gefühl, sind bey
einzelnen Menschen sehr unterschieden: und dieser Unterscheid hängt gewiß mit vom Bau und
Zustand des Körpers, und also auch von demjenigen ab, was einen Einfluß in denselben hat.

§. 9.

Wenn die Menschen überhaupt, und die
Künstler insonderheit, nicht vom Anfang an vorzügliche Muster des Schönen empfunden, und
nach denselben gearbeitet haben: so haben sie
mangel- und fehlerhafte Eindrücke von dem, was
schön ist, und wissen das wahrhaftig Schöne
weder zu beurtheilen, noch nachzuahmen.

§. 10.

Die aus der Erziehung, Gewohnheit, Religion und Regierungsform entstehende Vorurtheile, verursachen, daß gewissen Dingen Schönheit entweder ganz, oder zum Theil zugeschrieben und abgesprochen wird.

§. 11.

§. 11.

Wer gewiße schöne Dinge beständig vor
Augen hat, empfindet dieselben anders, als
derjenige, welcher sie selten erblicket.

§. 12.

Das Alter verändert unsern Geschmack so
sehr, daß wir gemeiniglich den Dingen, welche
wir in der Jugend geliebt, in den männlichen
Jahren andere vorziehen.

§. 13.

Dinge, die anfänglich nur bewundert und
geehret worden, und als solche, angenehme Empfindungen verursacht haben, sind nach und
nach bey gewissen Völkern für schön erkläret
worden, wie z. E. die ausgeneheten Figuren in
den Gesichtern der Tungusen.

§. 14.

Nicht nur unsere gegenwärtigen Affecten,
sondern auch die Erinnerung an ehemalige Affecten, haben einen starken Einfluß in unser Urtheil, ob etwas schön sey, oder nicht? daher kann
der Begriff von der wahren, und noch mehr von
der hohen Schönheit, nur in einer ruhigen und
von allen Leidenschaften ausgeleerten Seele hervorgebracht werden.

§. 15.

Es ist wahr, daß alles Schöne, wenn es
von der Seele empfunden wird, Wohlgefallen
und Vergnügen verursache; man kann aber
nicht behaupten, daß alles was uns gefällt und
vergnügt, an sich selbst schön sey; denn auch
Dinge, welche nicht schön, oder doch nur we-

A 4   nig

ntg schön sind, gefallen und vergnügen uns,
wenn wir entweder keine wirklich schöne oder
schönere Dinge kennen, oder von Leidenschaften,
welche sie erreget haben, beherrschet werden.
Ein Blindgebohrner, dessen **Robert Smith**
in seinem Lehrbegriff der Optik S. 40. 41. Erwähnung thut, und dem in seinem 13ten Jahr
der Staar gestochen wurde, daß er sehen konnte, hatte erwartet, daß die Personen denen er
am meisten gewogen war, auch am schönsten
aussehen sollten, verwunderte sich aber als dieses nicht eintraf. Es muß zu dem was angenehm ist, noch etwas hinzukommen, wenn es
an und für sich selbst schön seyn soll.

§. 16.

Bey gewissen Gegenständen, trägt die Farbe
etwas zur Schönheit bey, und erhebet dieselbige, aber sie ist nicht das Schöne selbst. Die
weiße Farbe schickt die meisten Lichtstralen zurück, und kann also am stärksten empfunden werden; daher halten wir einen schönen Körper für
desto schöner, je weisser er ist. Da aber die Erfahrung lehret, daß ein aus Metall und dunkeln
Stein schön gebildeter Körper, auch als schön
empfunden werde; so ist wohl zu glauben, daß
die Gewohnheit einen schön gebildeten Schwarzen, *) uns auch als schön empfinden laßen
werde. Der dreyzehnjährige vorhin erwähnte
Blindgebohrne, welchem der Staar gestochen
war, erschrack zwar sehr, als er zuerst eine
Mohrin erblickte: wäre sie aber wohlgebildet
gewesen, und er hätte sie oft gesehen, so würde
anstatt

anstatt des Mißfallens an derselben, ein Wohlgefallen erfolget seyn; denn das Schwarze,
welches ihm, da ers zum erstenmahl sahe, sehr
zuwider war, ließ er sich doch nach einiger Zeit
gefallen.

*) Adanson in seiner Reise nach Senegal, versichert,
S. 33. 34. der martinschen Uebersetzung, daß es da-
selbst unter den männlichen Negern Leute von recht
angenehmen Gesichtszügen, und unter den weiblichen einige von der vollkommsten Schönheit gebe.
Fermin saget in seiner Beschreibung der Kolonie
Surinam, S. 18. der deutschen Uebersetzung, daß
er eine Negerin gesehen habe, die vollkommen schön
gewesen, und in Ansehung der Bildung dem schönsten weißen Frauenzimmer nichts nachgegeben habe.

§. 17.

Wenn, ungeachtet des großen Unterschieds
des Empfindungsvermögens, alle Menschen etwas für schön hielten, so könnte man es auch
wirklich dafür erklären, weil dasjenige, was
nicht schön ist, auch nicht allgemein und beständig für schön gehalten werden wird. Es wäre
zuviel gewagt, wenn man behaupten wollte, daß
es keine solche Dinge gebe, welche allen Menschen so ähnliche Empfindungen verursachten, daß
sie von allen für schön erkläret würden. Allein
es ist sehr wahrscheinlich, daß es solche Dinge
seyn werden, deren jedes viel Schönes hat, von
welchem eins diesen, und einen andern jenes
rühret. So werden vielleicht alle Menschen
die mediceische Venus schön finden, aber in
verschiedener Absicht. Würde man aber einen
einzelnen Theil dieser Figur nehmen, und ver-
suchen, ob alle Menschen ihn für schön hielten:
so ist zu vermuthen, daß das Urtheil ganz anders ausfallen würde. §. 18.

§. 18.

Das Schöne wird, nach dem gewöhnlich=
sten Verstande des Worts, durch das Gesicht
empfunden; man hat aber auch diejenigen
Dinge, welche uns durchs Gehör ähnliche an=
genehme Empfindungen verursachen, schön ge=
nannt. Unsere schönen Künste sind solche, zu
welchen diese beyden Sinne die Seele veranlasset
haben. Man könnte aber sagen, daß das
Schöne auch durch das Gefühl empfunden
werde, wenn man nemlich das Feine, Weiche
und Sanfte mit dazu rechnen wollte. Und als=
denn wäre die Frage, ob nicht das schwarze
Schöne, dem weissen Schönen vorzuziehen sey?
weil die Erfahrung lehret, daß die Haut schwar=
zer Menschen im Gefühl sanfter ist, als die
weisse Haut. *) Der vorhin (§. 15.) erwähnte
Blindgebohrne, verwunderte sich, als er sehen
konnte, daß die Sachen die ihm durchs Gefühl
am besten gefallen hatten, nicht auch durchs
Gesicht als die schönsten vorkamen. Eine
merkwürdige Erfahrung für das Schöne, in so
fern es durchs Gefühl empfunden wird. Man
sagt zwar in einigen deutschen Provinzen, daß
etwas schön rieche und schmecke: allein man
sagt nicht, daß es schön sey.

*) Adanson l. c. S. 34. saget auch, daß die Haut der
weiblichen Negern auf Senegal, ausserordentlich zart
und weich sey.

§. 19.

Mich dünkt, man nenne ein Ding
schön, wenn man empfindet und erkennet,
daß das Verschiedene in demselben mit be=
sonderer

sonderer Vollkommenheit zu einem Gan=
zen vereiniget sey. Ein Ding ist vollkommen,
wenn ihm nichts von demjenigen mangelt, was
es haben muß, um das zu seyn, was es seyn
soll. Es ist schön, wenn man auch in der Ver=
bindung dieses Mannigfaltigen eine besondere
Vollkommenheit entdeckt. Je vollkommener
die verbundenen einzelnen Dinge, je mehr der=
selben, je besser ihre Ordnung sowohl als Ver=
hältniß gegen einander, und je größer ihre
Uebereinstimmung zu dem Ganzen, welches sie
ausmachen, desto schöner ist etwas. Man
werfe gegen diese Erklärung oder Beschreibung
nicht mit dem Consistorial=Rath D. Reinhard
ein, daß sie nicht auf einen schönen Lichtstrahl,
auf einen schönen Ton, und andere schöne Dinge,
die man für einfach hält, passe: denn ein jeder
Lichtstrahl kann in sieben feinere Strahlen oder
Farben aufgelöset werden, und ein jeder Ton
oder Klang, bestehet in der That aus vielen har=
monisch vereinigten Tönen, die aber wegen ihrer
genauen Verbindung nur wie ein einziger Ton
klingen. Die Erklärung der Schönheit über=
haupt, überlasse ich andern.

§. 20.

Man sagt nicht nur von körperlichen Din=
gen, sondern auch von Geistern, und von den
sittlichen Wirkungen derselben, daß sie schön sind,
und siehet alsdenn auf das Mannigfaltige in ei=
nem Geist und in einer Wirkung, dergleichen die
Kräfte, Absichten, Bewegungsgründe, und die
Folgen sind. Solchergestalt ist die höchste
Schön=

Schönheit in Gott zu finden; andere Geister
aber sind desto schöner, je ähnlicher und über-
einstimmiger sie mit Gott sind.

§. 21.

Gott ist nicht nur das schönste Wesen, sondern auch der Urheber und Schöpfer der Schönheit, in der von ihm hervorgebrachten Natur.
In seinen Werken ist unbeschreiblich vielfältige
und große, ja die höchste mögliche Schönheit,
in so fern sie nemlich für unsere Erde bestimmt
ist. Diejenigen irren sehr, welche mit Win-
kelmann meynen und vorgeben, daß es Kunstwerke gebe, welche die schönsten natürlichen
Dinge von derselben Art, an Schönheit über-
träfen. Es ist noch nicht erwiesen, daß die bildenden Künstler die höchste natürliche Schönheit, vornemlich in ganzen Körpern, gesehen, geschweige denn nachgeahmet haben. Sie kommt
selten vor, und noch seltener haben die größten
Künstler Gelegenheit sie abzubilden. Ja, das
beste idealische Schöne, wenn es mit dem besten
natürlichen Schönen in der Nähe verglichen
wird, verlieret den Vorzug den man ihm außer
der Gegenwart des letztern gab.

§. 22.

Weil die höchste Schönheit in allen Theilen
eines ganzen Dinges, z. E. eines menschlichen
Körpers, noch nicht gefunden worden, sondern
gemeiniglich diese oder jene Theile in andern
Dingen schöner gesehen werden, oder wenigstens gedacht werden können: so wählen die grossen Künstler schöne Theile aus vielen einzelnen

schönen

...nen gemacht, daß sie sich
...: daher verderben sie sich,
... Untergang, wenn sie dis-
...llen. Es ist gar zu viel,
...er des idealisch Schönen,
...nnet, denn ihr Verdienst
...a, daß sie einzelne schöne
...er Natur angetroffen haben,

...s auf Delphinen bey der medicetschen
...earbeitet, daher verdient das Auge
...sio weniger. Dioskorides hat einen
...n, welcher den Raub des Palledes
...edes ist vortreflich, alles übrige aber

§. 23.

...herigen erhellet, daß das ideas
...auf die höchste Schönheit eines
...erks, und nicht auf einzelne
...gehe. Etwas für ein Werk und
...chsten Schönheit ausgeben zu
...ert mehr, als selbst mancher
...d berühmter Künstler verstehet.
...h weit mehr dazu, zu urtheilen,
...erk alles Schöne, dessen es fä-
..., als zu urtheilen, daß es fehler-

§. 24.

...r sollte die Regel und Richtschnur
...ste seyn; die Meister und Lehrer
...a aber in der That viel willkührli-
...: entstehen die Modeschönheiten,
...ene und vorzügliche Meister auf-
bringen.

schönen Dingen, und verbinden dieselben in
eins. Das daraus entstehende Kunstwerk, wird
idealisch schön genennet. Ob nun gleich
dieses mit Recht für schöner gehalten wird, als
das Schöne, welches man gemeiniglich an
einzelnen schönen natürlichen Dingen findet;
so kann man doch nicht behaupten, daß es
das höchste mögliche Schöne, in ganzen Dingen sey. Denn eines Theils haben die Kunst-
verständigen dieses in der Natur vielleicht noch
nicht gesehen und hinlänglich betrachtet, sind
auch noch nicht einig darüber geworden, worinn es bestehen müsse? und andern Theils gerathen alle Kunstwerke in einem oder dem andern Theil mangel- oder fehlerhaft, welches die
hochberühmte mediceische Venus zu Florenz
beweiset. Man hat auch Ursache zu zweifeln,
ob ein Kunstwerk in Ansehung aller seiner Theile
sehr schön, und gleich schön seyn müsse? Denn
da der weise Schöpfer der Natur, solches, soviel
bisher bemerkt worden, nicht für gut befunden,
sondern an ganzen schönen Stücken einzelne
Theile minder schön, als die übrigen gemacht
hat: so dienet uns solches zur Regel im Urtheilen
und Nachahmen. Es lehret uns auch die Erfahrung, daß wenn in einem Kunstwerk ein Theil
schöner als der andere, und der Haupttheil der
schönste ist, dieser desto vorzüglicher empfunden
werde, und das Ganze desto angenehmer sey. *)
Die idealisch Schöne wirket kein anhaltendes
und dauerhaftes Vergnügen. Nach Batteux
richtigem Urtheil, haben sich die Künste dadurch
                                    gebildet

gebildet und vollkommen gemacht, daß sie sich
der Natur genähert: daher verderben sie sich,
und befördern ihren Untergang, wenn sie dieselbige übertreffen wollen. Es ist gar zu viel,
wenn man die Urheber des idealisch Schönen,
Schöpfer desselben nennet, denn ihr Verdienst
bestehet nur darinn, daß sie einzelne schöne
Theile, die sie in der Natur angetroffen haben,
zusammensetzen.

*) Die beyden Amors auf Delphinen bey der mediceischen
 Venus sind grob gearbeitet, daher verdient das Auge
 die Hauptfigur desto weniger. Dioscorides hat einen
 Stein geschnitten, welcher den Raub des Palledes
 abbildet: Diomedes ist vortreflich, alles übrige aber
 nicht schön.

§. 23.

Aus dem bisherigen erhellet, daß das idealisch Schöne, auf die höchste Schönheit eines
ganzen Kunstwerks, und nicht auf einzelne
Theile desselben gehe. Etwas für ein Werk und
Muster der höchsten Schönheit ausgeben zu
können, erfordert mehr, als selbst mancher
vorzüglicher und berühmter Künstler verstehet.
Es gehöret auch weit mehr dazu, zu urtheilen,
ob ein Kunstwerk alles Schöne, dessen es fähig ist, habe, als zu urtheilen, daß es fehlerhaft sey.

§. 24.

Die Natur sollte die Regel und Richtschnur
der schönen Künste seyn; die Meister und Lehrer
derselben haben aber in der That viel willkührli-
ches. Daher entstehen die Modeschönheiten,
welche angesehene und vorzügliche Meister auf-
bringen,

bringen, und die so lange als eine Regel angenommen werden, bis ein anderer Meister Ansehen genug erhält, die Mode zu verändern.
Diese Modeschönheiten, werden nur von Künst-
lern empfunden, und bleiben denen, welche weiter nichts als empfindsame Liebhaber sind, unbekannt.

§. 25.

Das Schöne ist von sehr verschiedener Natur. Um sich davon zu überzeugen, vergleiche
man nur das Schöne der Tonkunst und Dichtkunst mit einander.

§. 26.

Es giebt allgemeine und besondere Schönheiten: jene empfinden alle Menschen von fei-
nem Gefühl, diese sind nur den Kunstverständi-
gen fühlbar.

§. 27.

Es giebt Schönheiten für die Sinne,
Schönheiten für die Einbildungskraft, Schön-
heiten für den Verstand, und Schönheiten für
das Herz. Eine jede Klasse derselben hat ver-
schiedene Stufen, verschafft auch verschiedenes
Vergnügen. Nicht alle Menschen sind der
Empfindung aller dieser Klassen und Arten des
Schönen fähig, ja nicht zwey Menschen haben
auch nur von einer Art des Schönen gleiche
Empfindung. Es ist auch unmöglich, daß die
Seele alle Arten des Schönen gleich stark em-
pfinden sollte. Je reicher aber die Einbildungs-
kraft an angenehmen Bildern, und je mehr das
Herz durch erhabene Gedanken und Empfindun-

gen

gen für jeden Eindruck empfindlich gemacht
worden: desto mehr Schönes wird man in der
Natur und Kunst wahrnehmen.

§. 28.

Die Dichtkunst arbeitet für Sinne, Ein=
bildungskraft, Verstand und Herz. Daraus
folget, daß die dichterischen Schönheiten die
fühlbarsten sind.

Vom Geschmack.

§. 29.

Wir sagen, daß derjenige Geschmack habe,
welcher das schöne und häßliche empfinden und
unterscheiden kann. Es ist zwar unläugbar,
daß es einen gewissen Grad der Dummheit gebe,
der fast nichts vom Geschmack zuläst: das hin=
dert uns aber doch nicht, überhaupt den Ge=
schmack für ein natürliches Vermögen der Men=
schen zu halten.*) Er wird am leichtesten in der
Jugend verbessert und vollkommen gemacht:
man muß also während derselben keine Gelegen=
heit, die dazu vortheilhaft seyn kann, verabsäu=
men. Die Kenntniß der Natur, und der schö=
nen Meisterstücke der alten und neuen Zeit, sind
am meisten dazu behülflich, nach welcher man
sich also eifrig bemühen muß.

*) *Quintil. Instit. orat. lib.* 6. *cap.* 5. *segm.* 1. Gustus
non traditur arte.

§. 30.

Es giebt nur einen einzigen guten Ge=
schmack, und dieser ist derjenige, welcher sich
entweder unmittelbar an der schönen Natur, oder
zugleich an den besten Nachahmungen derselben,
hält.

hält. Allein die Natur ist unbeschreiblich reich
und mannigfaltig an Schönheiten. Keine Ge=
gend des Erdbodens ist ganz leer von schönen na=
türlichen Dingen, eine hat viele, und die andere
wenige, in einer giebt es vielerley, in einer an=
dern wenigere Arten des Schönen, eine hat sehr
schöne Dinge von gewisser Art, die in einer andern
minder schön sind. Eben dieses kann auch von
den schönen Kunstwerken gesagt werden. Auch
die Menschen haben nach dem Unterschied ihrer
Sinne, ihres Kopfs, ihrer Neigung und Auf=
merksamkeit, und der Gelegenheit, entweder viel
oder wenig Erkenntniß der schönen Natur. Aus
diesen Ursachen entstehen die vielen Arten nicht
nur des Geschmacks überhaupt, sondern auch
des guten Geschmackes. Keine Art des letzten ist
verwerflich; man muß also mit andern nicht dar=
über streiten, auch den Geschmack einer andern
Nation eben so wenig ohne Prüfung an statt des
einländischen annehmen, als verwerfen.

§. 31.

Wer durch allerley Schönheiten und Heß=
lichkeiten leicht gerühret wird, hat einen em=
pfindlichen Geschmack, und wer eine Fertig=
keit besitzt, auch die kleinsten Schönheiten und
Fehler zu empfinden, hat einen feinen Ge=
schmack: doch muß man kleine und unerhebli=
che Fehler, welche sich in ein schönes Kunstwerk
entweder aus Unachtsamkeit, oder menschlicher
Schwachheit eingeschlichen haben, nicht rügen.
*) Der feine Geschmack wird durch die Uebung
richtig. Der richtige Geschmack ist unpar=

B   theyisch,

thenisch, wenn er keine wirklich vorhandene
Schönheit und Häßlichkeit verkennet und ver-
leugnet, er finde sie, wo er wolle, auch weder
das Schöne noch das Häßliche vergrössert. Der
richtige Geschmack wird edel, wenn ihm nichts
gefällt, als was des vernünftigen und zur ewigen
Glückseligkeit zuzubereitenden Menschen würdig
ist.**) Und diesen edlen Geschmack, wirket insonderheit die christliche Religion. Der voll-
kommene Geschmack, wenn der Mensch desselben fähig wäre, würde derjenige seyn, welcher das
Schöne und Häßliche, und die Stuffen desselben,
niemals mit einander verwechselte. Es giebt keinen allgemeinen Geschmack, sondern nur einen
herrschenden.

*) *Horatius de arte poetica v. 351.*
Verum ubi plura nitent in carmine, non ego paucis
Offendar maculis, quas aut incuria fudit,
Aut humana parum canit natura.

**) *Quinctiliani* Worte, *Instit. orat.* lib. I. cap. II. segm.
II. Nihil potest placere, quod non decet, sind auch
ausser dem stoischen System zu empfehlen.

§. 31.

Hier kommt der Geschmack in Betrachtung,
in so fern er bey den Meistern der schönen Künste
und Wissenschaften wirksam, das ist, die Ursach
ihrer Wahl, Anordnung und Auszierung ist.
Durch den Geschmack wird ein geschickter Kopf
zum Meister einer schönen Kunst, und das was
er hervorbringt, wird dadurch ein schönes Kunstwerk. Der Geschmack verschaft den schönen
Künsten Eingang bey den Menschen, und macht
sie also gemeinnütziger. Er ertheilet nicht nur
einzelnen Menschen, sondern auch ganzen Völkern,

kern, bey und unter welchen er sich ausbreitet,
einen grossen Vorzug vor andern, und macht sie
auch für alles Gute empfindsam, und grösserer
Vollkommenheit fähig.

Von den feinen und reitzbaren
Sinnen.

§. 33.

Der Meister einer schönen Kunst und Wissenschaft, muß nicht nur gesunde Werkzeuge der
Sinne haben, sondern seine Nerven und
Sinne müssen auch sehr fein und reitzbar
seyn, und die sinnliche Empfindung durch die
Augen und Ohren, muß nicht nur bey ihm
schärfer, als bey andern Menschen seyn, sondern ihm auch ein vorzügliches, ja unentbehrli-
ches Vergnügen verursachen.

Von der Einbildungskraft.

§. 34.

Der Geschmack macht die Kunstwerke der
Einbildungskraft angenehm. Diese ist das
Vermögen der Seele, die Vorstellung abwesender Dinge, bey der Vorstellung der gegenwärtigen, zu erneuern. Sie ist eine natürliche Kraft
der Menschen, welche aber auch bey denselben
sehr, und unter andern darinn unterschieden ist,
daß sie bey einem einen Vorzug in Ansehung des
Großen, bey einem andern, in Ansehung des
des Schönen, und bey einem dritten, in Ansehung des Neuen hat.

20

§. 35.

Die Einbildungskraft kann zu Erfindungen dienen, denn die Verbindung der Vorstellung abwesender und gegenwärtiger Dinge, leitet zu einer dritten bis dahin unbekannt gewesenen Vorstellung.

§. 36.

Weil auch vermittelst dieser Kraft der Seele, abwesende Dinge dergestalt als gegenwärtig vorgestellt werden können, daß wir dieselben zu empfinden vermeynen: so kann und muß solche Kraft gebraucht werden, um Lust oder Unlust, Neigung oder Abneigung, und andere Affecten, zu erregen.

§. 37.

Soll die Einbildungskraft des Meisters einer schönen Kunst und Wissenschaft etwas großes und heilsames hervorbringen, so muß sie einen hohen Grad der Empfindlichkeit und Lebhaftigkeit, einen großen Reichthum, und weiten Umfang haben. Sie ist empfindlich, wenn sie bey der geringsten Veranlassung, die Vorstellung abwesender Dinge erneuert. Sie ist lebhaft und feurig, wenn die wiederhervorgebrachten Bilder sehr klar, deutlich und stark sind. Sie hat einen großen Reichthum und weiten Umfang, wenn sie auf einmahl eine Menge solcher Vorstellungen erneuert, unter denen man eine Wahl anstellen kann.

§. 38.

Diese Eigenschaften, kann der Meister einer schönen Kunst und Wissenschaft, seiner Einbildungskraft

dungskraft nicht anders, als durch fleißige
Uebung, und beständige Beobachtung sowohl
der schönen und reichen Natur, als der mannigfaltigen Menschen, verschaffen. Er muß also
feine und sehr aufmerksame Sinnen haben, viel
lesen, und viel reisen.

§. 39.

Die so beschaffene Einbildungskraft, kann
so oft es nöthig ist, die Begeisterung, oder den
Zustand der Seele wirken, da sie ganz in sich
selbst gekehrt, ganz auf einen einzigen Punct
gerichtet, und entweder lauter Empfindung, oder
lauter deutlicher Gedanke ist. Während dieser kurz daurenden Erhöhung ihrer Kräfte, wird
ihre ganze Wirksamkeit rege gemacht, und was
sie zu dieser Zeit wirket, unterscheidet sich durch
seinen lebhaften, starken und richtigen Ausdruck, und durch seine ungemein große Deutlichkeit und Kraft. Man kann diese Begeisterung bey sich durch innere und äußere Mittel
befördern und veranlassen, nemlich durch Uebung
in strenger Aufmerksamkeit und scharfem Nachdenken, durch Erweckung seiner guten und edlen
Gesinnung, durch glückliche Wahl des Orts
und Umgangs, durch alles was Leib und Seele
reitzet und in Bewegung setzet.

§. 40.

Geschmack und Einbildungskraft, müssen
durch Kopf, und ein feines sittliches Gefühl
unterstützt, gelenket und eingeschränket werden,
wenn sie wahre, würdige und nützliche Kunstwerke hervorbringen sollen.

B 3　　　　Vom

Vom Kopf.

§. 41.

Ein Mensch, dessen Witz durch Verstand, Vernunft und Scharffinnigkeit unterstützt, zu ungemeiner Größe und Vollkommenheit erhoben, und zu beständiger Wirksamkeit auch wichtigen Erfindungen geschickt gemacht und gelenket wird, mit einem Worte, ein Mensch, der eine vorzügliche Größe des Geistes besitzet, ist ein Kopf. (ingenium, genie.) Ein Kopf seyn, ist mehr als Kopf haben.

§. 42.

Ein Mensch der ein Kopf ist, oder auch nur Kopf hat, richtet mit geringer Mühe etwas gut aus, was ein anderer, ungeachtet seines Verstandes, mit vieler Mühe nur schlecht macht. Das Werk des ersten, hat das Ansehen der Natur, dem Werke des letztern aber siehet man die mühsame Nachahmung, und eine fröstige Steifigkeit an.

§. 43.

Ein allgemeiner Kopf würde derjenige seyn, der eben sowohl ein philosophischer, als Kunstkopf wäre. Ein allgemeiner Kunstkopf, ist derjenige, welcher in Ansehung aller schönen Künste große Seelenkräfte zeiget. Wer aber von Natur zu einer gewissen schönen Kunst oder Wissenschaft, entweder, allein, oder doch vorzüglich tüchtig ist, der hat einen besondern Kunstkopf. Ein allgemeiner Kunstkopf, ist durch Gottes weise Einrichtung der Welt,

eine

eine große Seltenheit. Gott hat nemlich die natürlichen Gaben so ausgetheilet, daß ein Mensch des Beystands und der Hülfe des andern bedarf. Einen hat er mit vorzüglichen Gaben zu einer gewissen Kunst versehen, die einem andern fehlen: und diesem hat er hingegen die Gabe verliehen, gewisse Kunstwerke leicht und schön darzustellen, welche ein anderer entweder gar nicht, oder doch nicht, so schön zum Stande bringen kann. Auf solche Weise ist einer dem andern nützlich, ja unentbehrlich.

§. 44.

Der Unterschied der Köpfe, verursacht auch den Unterschied der Neigungen, und dasjenige worauf die Neigung fällt, wird demjenigen, in welchem sie ist, gewissermaßen so nothwendig, daß ihm der Mangel desselben beschwerlich ist. Kopf und Neigung zu einer gewissen schönen Kunst, machen den natürlichen Beruf zu derselben aus. Wer der Neigung folget, die sein Kopf veranlasset, läst sich durch keine Hindernisse abschrecken, geschweige abhalten, seinen natürlichen Beruf zu erfüllen. Ein Kunstwerk durch Kopf hervorgebracht, gefällt, wenn es gleich nicht ganz regelmäßig ist. Hingegen wenn ein Mensch der wenig Kopf hat, eben dasselbige Kunstwerk unternimmt, alle Regeln beobachtet, und den größten Fleiß darauf verwendet: so gefällt doch dieses Werk nicht so gut als jenes.

§. 45.

Die Natur trägt zur Hervorbringung der Meister in den schönen Künsten und Wissen-

schaften

schaften mehr als die Unterweisung bey, und
demjenigen, welcher einen Kunstkopf hat, ist
auch ein mittelmäßiger Lehrer hinlänglich, denn
er hilft sich selber, wenn er nur eine geringe
Anweisung bekommt, wie das Beyspiel des grossen Mahlers Correggio zeiget. Die Geschichte
der schönen Künste und Wissenschaften beweiset,
daß die Lehrer der berühmtesten Meister mehr
durch ihre Schüler, als durch sich selbst berühmt
geworden sind. Dominicus Ghirlandajo,
Lehrer des großen Michel Angelo und anderer
geschickten Mahler, kann zum Beyspiel dienen.

§. 46.

Unterdessen ist doch gewiß, daß auch dem
glücklichsten Kopf ein guter Unterricht sehr nützlich sey, und daß er nur alsdenn eine ansehnliche
Stufe der Vollkommenheit erreiche, wenn er,
wie Raffaello Sanzi, lebenslang unermüdet
in seiner Kunst studiret. Wird der Kopf nicht
durch richtige Grundsätze geleitet, so geräth er
auf Abwege, und je größer der Fortgang ist,
den er in der weitern Laufbahn der Einbildungskraft macht, desto mehr entfernet er sich von dem
wahren schönen, wird wild, unordentlich, und
fällt in das Uebertriebene. Der nöthige Fleiß
den er anwenden muß, bestehet darinn, daß er
beständig die Natur forschend betrachte, wie
Carl le Brün, ohne ein so sclavischer Nachahmer derselben zu seyn, wie Leonardo da
Vinci: daß er die Werke großer Meister scharf
untersuche, entweder um ihre Gedanken zu errathen

rathen und zu treffen, wie Ludewig Caracci,
oder um ihre Fehler zu vermeiden, wie Nic.
Poussin: daß er das Urtheil des Publici zur
Verbesserung seiner Werke anwende, wie Apelles: daß er eben so strenge in eigener Beurthei-
lung seiner Arbeit sey, wie Tiziano: daß er
mit eben so viel Eifer nach der Vollkommenheit
trachte, als Leonardo da Vinci: und endlich,
daß er in gänzlicher Ausführung und Vollen-
dung seiner Werke es so weit treibe, als Ger-
hard Dow. So rühmlich aber auch der Fleiß
eines Künstlers ist, so muß er doch denselben
nicht, so wie Joh. Bellino, in Kleinigkeiten
übertreiben, noch, wie eben derselbige, alles gar
zu sorgfältig zeigen und ausdrücken wollen.

§. 47.

Eine und eben dieselbige Kunst, kann auf
vielerley Art bearbeitet und geübet werden: es
ist also sehr viel daran gelegen, daß jemand wisse,
zu welcher Art ihn sein Kopf bestimme? und daß
er sich auf diejenige Art, zu welcher er geboren
ist, einschränke. Man muß seiner Begierde sich
als einen allgemeinen Kopf zu zeigen, nicht
folgen: denn dieses ist nicht nur in Ansehung
aller schönen Künste und Wissenschaften, sondern auch nur in Absicht auf alle Arten einer
gewissen schönen Kunst und Wissenschaft, sehr
gefährlich. Es sind nicht alle so glücklich wie
Albert Dürer, Raffaello Sanzi, und Michel Angelo Buonaroti, und doch war der
letzte ein glücklicherer und größerer Bildhauer,

als

als Mahler und Baumeister. Rembrands
Kupferstiche, sind zwar eben so schäßbar als seine
Gemählde: allein seine Bildnisse sind besser als
seine gesellschafts- und historischen Stücke. Pe-
ter Paul Rubens war doch ein weit größerer
Mahler als Kupferstecher, und Anton van
Dyk mahlete bessere Bildnisse, als Historien.
La Fontaine hätte keine Comödien und Opern
machen, sondern seine Geschicklichkeit nur in
Erzählungen und Fabeln zeigen sollen. Die
Erweiterung der natürlichen Fähigkeit, welche
ein Kopf bisweilen durch Fleiß zu bekommen
scheinet, beweiset das Gegentheil nicht, denn
sie ist nur scheinbar.

§. 48.

Der Mangel an Kopf, kann dadurch nicht
ersetzt werden, daß man die Schönheiten frem-
der Kunstwerke, den Seinigen giebt: denn wenn
dieses gleich in unterschiedenen Fällen ohne Ta-
del geschehen kann, so gehöret doch auch dazu
schon Kopf, um die Gedanken, Absichten und
Mittel anderer Meister zu errathen, und ihre
Schönheiten in seine eigene Erfindungen zu ver-
wandeln. Wer Mangel an Kopf hat, wird
immer auf dem Wege bleiben, auf den ihn sein
Lehrmeister geführet hat: aber der Kopf bahnet
sich einen neuen.

§. 49.

Der Kopf wird bey den Meistern der schönen Künste und Wissenschaften am letzten alt,
jedoch bey einem früher, als bey dem andern.
Der

§. 52.

Folgende wahre, wichtige,
niß unsrer Zeit sehr gemäße Ge
Professor Johann Georg E
aus seiner Abhandlung von der
Werken der schönen Künste, un
gemeinen Theorie der schönen K
let sind, verdienen mit größter
nommen, und von den Meist
Künste und Wissenschaften befo

"Die schönen Künste soll
"Philosophie seyn, denn sie
"Einbildungskraft und des F
"schen bemeistern, um dem G
en und nützlichen philoso
räftig einzudrücken.
o dieser; erwählet einen
nd, und stellet denselbe
drücklich vor, als
it et auf dei N
hen.

Derjenige Meister handelt der Klugheit gemäs,
welcher sich die Schmeicheley nicht bewegen läst,
sich bey der Herannäherung des hohen Alters an
Werke zu wagen, zu welchen die Kraft der besten
Jahre erfordert wird.

Vom sittlichen Gefühl.

§. 50.

Das sittliche Gefühl, oder die Empfindung dessen was sittlich gut und böse ist, macht
den Meister einer schönen Kunst und Wissenschaft, zu einem guten, nützlichen und liebens-
würdigen Menschen, treibt ihn zu gemeinnützi-
gen Arbeiten, und hält ihn hingegen von Tän-
deleyen, auch unnützen, anstößigen und verfüh-
rerischen Werken ab.

Beschreibung eines schönen Geistes.

§. 51.

Derjenige ist ein schöner Geist, bey welchem sinnliche Empfindung, Einbildungskraft,
Geschmack, Kopf und sittliches Gefühl beständig
in Gemeinschaft wirken, und einander unter-
stützen. Der Name saget und erfordert viel,
und kommt sehr wenigen von denen zu, welche
entweder sich ihn zueignen, oder denen er von
andern beygelegt wird. Und wenn ihn auch
einige in Ansehung der sinnlichen Empfindung,
der Einbildungskraft und des Kopfs verdienen,
so sind sie doch desselben unwürdig, wenn man
auf den Geschmack, insonderheit den edlen, und
auf das sittliche Gefühl siehet.

Von

Von der Kraft und Anwendung der schönen Künste und Wissenschaften.

§. 52.

Folgende wahre, wichtige, und der Bedürfniß unsrer Zeit sehr gemäße Gedanken des Herrn Professor Johann Georg Sulzers, welche aus seiner Abhandlung von der Energie in den Werken der schönen Künste, und aus seiner allgemeinen Theorie der schönen Künste, gesammlet sind, verdienen mit größtem Beyfall angenommen, und von den Meistern der schönen Künste und Wissenschaften befolget zu werden.

„Die schönen Künste sollen Gehülfen der „Philosophie seyn, denn sie sollen sich der „Einbildungskraft und des Herzens der Men„schen bemeistern, um dem Gemüth die nöthi„gen und nützlichen philosophischen Lehrsätze „kräftig einzudrücken. Ihr Grundsatz ist „also dieser: erwählet einen nützlichen Gegen„stand, und stellet denselben so kräftig und „nachdrücklich vor, als es nur möglich ist, „damit er auf den Verstand und das Herz der „Menschen dauerhaft wirke. Ein Künstler, „welcher bey seiner Arbeit weiter keine Ab„sicht hat, als die Einbildungskraft zu belu„stigen, ist kein Nachahmer der Natur, son„dern ein Affe, welcher bey dem Schein, als „wenn er den Menschen nachahmte, weiter „nichts thut, als daß er wie ein Thier spielet, „welches keiner vorher überlegten Endzwecke „und Absichten fähig ist. Es ist das eigentliche

„liche Geschäft der schönen Künste, ein lebhaf=
„tes Gefühl für das Schöne und Gute, und
„eine starke Abneigung gegen das Häßliche
„und Böse zu erwecken. Aus einem öfters
„wiederholten Genuß des Vergnügens am
„Schönen und Guten, erwächst die Begierde
„nach demselben, und aus dem widrigen Ein=
„druck, den das Heßliche und Böse auf uns
„macht, entstehet der Widerwillen gegen
„alles, was der sittlichen Ordnung entgegen
„ist. Durch diese Begierde und durch diese
„Abneigung, wird der Mensch zu der edlen
„Wirksamkeit gereizet, die unabläßig für die
„Beförderung des Guten, und Hemmung des
„Bösen arbeitet. Sollte das Gesetz der Nutz=
„barkeit, dieser nothwendige Beystand der
„Weisheit, die schönen Künste nichts ange=
„ben? Welcher verständige Künstler wird sich
„selbst dadurch erniedrigen wollen, daß er sich
„und seine Kunst von den Gesetzen der Weis=
„heit und der allgemeinen philosophischen Po=
„licey ausgeschlossen hält? Der Künstler, der
„seines Berufs eingedenk ist, und seine Kräfte
„fühlet, weihet sich selbst zum Lehrer und Füh=
„rer seiner Mitbürger. Mit dem Auge eines
„Philosophen und Patrioten, erforschet er
„ihren Character und ihre Gesinnungen. Er
„kennet darinn die Quellen und Ursachen des
„gegenwärtigen oder zukünftigen Wohlstan=
„des oder Verfalls einzelner Häuser, und der
„ganzen Gesellschaft. Dann begeistert ihn
„sein Eifer für Ordnung und Recht, seine
Begierde

„Begierde rechtschaffene und auch glückliche
„Menschen zu sehen: er entflammt die noch
„nicht jedem Gefühl der Rechtschaffenheit ab:
„gestorbenen Herzen, mit neuen Empfindun:
„gen, unterhält und verstärket das Feuer
„derselben, wo es noch nicht erloschen ist.

§. 53.

„Die Kraft der schönen Künste ist von
„dreyfacher Art. Die unterste und geringste ist,
„daß sie rühren, ergötzen und vergnügen. Wenn
„sie aber weiter nichts thun als dieses, so haben
„sie nur den geringsten Werth: doch finden
„wichtige Materien desto mehr Eingang, und
„schaffen desto größern Nutzen, wenn sie zugleich
„reitzend gemacht werden. Die zweyte und
„größere Kraft ist, daß sie den Geist vollkom:
„mener machen, und die dritte, daß sie Ver:
„langen und Abscheu hervorbringen. Diese
„letzte Kraft, welche unmittelbar auf das Herz
„wirket, ist die wichtigste, und es ist die Pflicht
„eines Künstlers, allen möglichen guten Ge:
„brauch von derselben zu machen.“

Abtheilung der folgenden Betrachtungen.

§. 54.

Nach dieser Sulzerischen völlig gegrün:
deten Abtheilung der Kraft der schönen Künste
und Wissenschaften, ordne und behandele ich
alle folgende allgemeine Betrachtungen.

Von

Von der untersten und geringsten Kraft der schönen Künste.

§. 55.

Die unterste und geringste Kraft der schönen Künste und Wissenschaften ist, daß sie das Schöne für die Sinne und Einbildungskraft hervorbringen, durch dasselbige rühren und ergötzen, auch die Einbildungskraft vollkommener machen. Die meisten Dinge, welche wir sinnlich schön nennen, werden es dadurch, daß sie in uns angenehme Bilder und Erinnerungen erwecken, ohne unsere Sinnen wollüstig zu kützeln. Wir empfinden das meiste sinnlich Schöne durchs Gesicht, und doch verschafft uns dieser Sinn die wenigsten unmittelbar angenehmen Empfindungen. Wer das Gegentheil für wahr hält, wird dadurch getäuscht, daß er alles, was bey einem Eindruck in seiner Seele gegenwärtig ist, für eine unmittelbare Wirkung solches Eindrucks hält, und glaubt, daß das Vergnügen, welches er empfindet, in dieser Sache oder in der Empfindung derselben liege, da es doch durch die in seiner Seele erneuerten Bilder verursacht wird. Also ist das meiste von demjenigen, was sinnlich Schön genannt wird, etwas Schönes für die Einbildungskraft, und die schönen Künste wirken nicht eigentlich für die Sinne, sondern für die Einbildungskraft, für den Verstand und das Herz.

§. 56.

§. 56.

Ein bloßes angenehmes Spielwerk für die Sinne, welches nur zur sinnlichen Beluſtigung, und zum Zeitvertreib dienet, und nichts in der Seele zur Uebung des Nachdenkens und zur Verbeſſerung zurückläßt, iſt des Menſchen, und also auch der Kunſt nicht würdig, unterhält auch den Menſchen nicht lange, ſondern verurſacht bald Ueberdruß. Die Sinnlichkeit unterſtützt die Einbildungskraft: alſo muß auch das Schöne für die Sinne, mit etwas Schönem für die Einbildungskraft verbunden ſeyn. Das letzte iſt das eigentliche Schöne, es macht einen dauerhaftern Eindruck, als das erſte, befördert den Geſchmack und die Wirkſamkeit der höhern Kräfte der Seele, und ſchaft empfindſame, weiſe, umgängliche und wirkſame Menſchen. Die Annehmlichkeiten des Lebens hangen größtentheils davon ab, denn es giebt viel Arten der Beluſtigung, welche ſich nur auf den Geſchmack gründen: und ob es gleich auch für Unluſt und Misvergnügen empfindlicher macht, ſo darf man ſich doch dadurch nicht abſchrecken laſſen, weil es wirklich mehr Gutes und Schönes, als Böſes und Heßliches, mehr augenehmes als unangenehmes, in der Welt giebt.

§. 57.

Allein die Einbildungskraft muß durch Vernunft eingeſchränket und regieret werden, und nicht herrſchen, denn der Menſch, in welchem ſie die Oberherrſchaft und das Regiment hat, iſt ein wahrer und abentheuerlicher Träumer. Die

Ein

Einbildungskraft ist nöthig zu Begriffen, und diese muß sie auch befördern. Wenn das Schöne dazu behülflich ist, so hat es einen desto größern Werth. Es giebt den nützlichen und wichtigen Dingen eine Annehmlichkeit, sie machen alsdenn einen desto größern Eindruck, und erreichen ihre Absicht desto leichter und gewisser.

§. 58.

Dieses vorausgesetzt, wollen wir erstlich den Theil der untersten Kraft der schönen Künste genauer erwegen, welcher zur Rührung und Belustigung dienet, und hernach untersuchen, wie sie die Einbildungskraft nicht nur erregen, sondern auch vollkommener machen können.

§. 59.

Alles neue, unerwartete, ausserordentliche und ungewöhnliche, sonderbare, lächerliche und wunderbare, mit einem Wort, alles, was Aufmerksamkeit erregt, gehört zu dem Schönen, welches angenehme sinnliche Empfindungen verursacht.

Das Neue.

§. 60.

Das Vergnügen an der Neuheit, rühret von der in unsre Natur gelegten Neigung zum Fortgang in der Erkenntniß, und zur Abwechselung, her.*) Obgleich nicht alles Neue besser, als das Alte, sondern oft demjenigen, was den besten Mustern der vorhergehenden Zeiten gemäß, weit nachzusetzen ist: so ist es doch auch oft dem alten vorzuziehen. Um solches in der

C   Erfindung

Erfindung richtig zu beurtheilen, auch weder ein
unbesonnener Knecht der Mode, noch ein schnö-
der Verächter derselben zu seyn: ist viel Behutsamkeit, Scharfsinnigkeit und Unpartheilichkeit
nöthig. Unterdessen betrachten wir jetzt das neue
nur in so fern, als es rühret und ergötzet, und
da ist unläugbar, daß neue Ausdrücke und Vor-
stellungsarten in Reden **) und Gedichten,
neue Harmonien in der Tonkunst, neue Zusam-
mensetzungen und Zierrathen in den bildenden
Künsten, rühren und vergnügen.

*) *Plinii nat. hist. lib.* 12. c. I. Est natura hominum
nouitatis auida.

**) *Quinctil. Instit. orat.* l. 8. c. 6. segm. 31. Est grata
in eloquendo nouitas et commutatio, et magis inopi-
nata delectant.

Das Unerwartete, Ausserordentliche
und Ungewöhnliche.

§. 61.

Eben dieses gilt auch von dem Unerwarte-
ten, außerordentlichen und ungewöhnlichen.
Wir Menschen lieben die Abwechselung, Ver-
schiedenheit, Mannigfaltigkeit und Ueberra-
schung; hingegen das Einerley und Alltägliche
schläfert uns ein. Bisweilen ist es zwar angenehm, wenn das, was wir erwarten, auch
wirklich erfolget: in andern Fällen aber vergnüget uns das Unerwartete. *) Beyspiele dieser
Art, sind ein unerwarteter Anfang, Uebergang
und Beschluß einer Rede, Veränderungen der
Töne in der Musik, u. s. w. Die Dichtkunst
vermag

vermag in Ansehung des Neuen und Unerwar=
teten mehr, als die übrigen schönen Künste.

*) *Auctor ad Herennium* lib. 3. c. 35. si quas res in vita
videamus paruas, usitatas, quotidianas, eas meminisse
non solemus, propterea quod nulla nisi noua aut admi-
rabili re commouetur animus: aut si quid videmus aut
audimus egregie turpe, aut honestum, inusitatum,
magnum, incredibile, ridiculum, id diu meminisse con-
sueuimus. — — Usitatae res facile e memoria elabun-
tur, insignes et nouae manent diutius.

Das Sonderbare. Die Laun.

§. 62.

Zu dem Sonderbaren, welches in einigen
Fällen Vergnügen verursachen kann, gehöret
das mürrische und eigensinnige Wesen, welches
man mit einem alten deutschen Worte Laun, *)
im französischen Humeur, im englischen Hu-
mour, lateinisch Morositas nennet. **) Man
spricht zwar zuweilen von guter Laun, alsdenn
aber will man nicht sagen, daß diese Gemüths=
beschaffenheit und Art ganz aufgehoben, weg=
geschaft und verändert, sondern nur daß sie auf
einige Zeit gemildert und unterbrochen worden
sey.

*) So schreibet Frisch das Wort in seinem Wörterbuch,
nicht Laune, welche Schreibart neumodisch ist.

**) Die scherzhafte Laune, urbanitas, gehöret zu dem
Scherzenden.

§. 63.

Ein launischer Mensch, das ist, ein
Mensch, der seine sonderbare und ihm eigene
Denkungsart, bey allen Gelegenheiten, ohne
Zurückhaltung, entweder mündlich oder schrift=
lich, entweder durch Geberden oder durch Hand=

C 2   lungen

lungen äuſſert, ſie mag andern Leuten gefallen oder nicht, beluſtiget andere durch ſeine Laun, wenn ſie ſich bey Kleinigkeiten äuſſert. Mahler, Bildhauer und Kupferſtecher, können dieſelbe kenntlich machen, in ſo fern ſie ſich durch Geberden und Geſtalten zeiget.

Das Lächerliche.
§. 64.

Auch das Lächerliche, das iſt, das Unregelmäßige, Ungewöhnliche und Unſchickliche in Eigenſchaften, Handlungen, Geberden, Gedanken und Worten *), kann von den meiſten ſchönen Künſten dar= und vorgeſtellet werden, am meiſten aber geben ſich die Dichter mit demſelben ab, und einige meynen, das Luſtſpiel ſey ganz eigentlich dazu gewidmet. **) Wenn die ſchönen Künſte ſich mit demſelben abgeben: ſo geſchiehet es, um andere zu beluſtigen, und diejenigen, bey welchen es ſich befindet, zu ihrer Verbeſſerung zu beſchämen.

*) *Cicero de oratore* l. 2. c. 58. Locus et regio quaſi *ridiculi*, turpitudine et deformitate quadam continetur: haec enim ridentur, vel ſola vel maxime, quae notant et deſignant turpitudinem aliquam non turpiter. *Quinctilianus* lib. 6. c. 3. §. 7. Neque hoc ab vllo ſatis explicari puto, licet multi tentauerint, vnde *riſus* qui non ſolum facto aliquo dictoue, ſed interdum quodam etiam corporis tactu, laceſſitur. — — Non acre tantum et venuſte, ſed ſtulte, iracunde, timide dicta aut facta ridentur. Hogarth verſtund die Kunſt, das Lächerliche nach der Natur auszudrucken.

**) Es wird aber in den *Poeſies diuerſes du Philoſophe de Sans-Souci* in der 14. epitre von der ſpottenden und lachenden Comödie folgendermaßen richtig und vortreflich geurtheilet:

Je

Je vois que vous penſez que toute comédie
Reprend le ridicule & réforme la vie:
Oui, mais ce jeu plaiſant quelques fois trop bouffon
Effleure nos défauts ſans attaquer le fond,
On y cherche un bon mot qu'aiguiſe la Satyre.
Ce n'eſt point un ſermon, au theatre on veut rire.
Montrez-moi, s'il ſe peut, un mortel vicieux
Que votre comédie ait rendu vertueux.
Non, cet auguſte emploi ne fut point ſon partage,
Qui veut ſe corriger trouve un pénible ouvrage,
C'eſt le combat interne & la reflexion
Qui nous font approcher de la perfection.

§. 65.

Es iſt aber der niedrigſte Gebrauch, welcher
von den ſchönen Künſten und Wiſſenſchaften
gemacht wird, wenn ſie angewendet werden,
um jemanden ein Lächeln zu verurſachen, und
ein tadelns- und beſtrafenswürdiger Misbrauch
derſelben, wenn man ſie anwendet, nicht nur
um ehrwürdige Perſonen, Worte und Sachen
lächerlich zu machen, ſondern auch andern wegen ihrer kleinen Fehler, Schmerzen und Scha-
den zu verurſachen. *) Wenn ſich das Lächerliche in Geſellſchaft des Ernſthaften befindet:
ſo können es nur ſcharfe Augen entdecken, und
es iſt große Behutſamkeit nöthig, um es von
dem Ernſthaften auf eine ſo feine Art abzuſon-
dern, und es ſo vorzuſtellen, daß dadurch nicht
nur unſchädliches Vergnügen, ſondern auch heil-
ſamer Unterricht verſchaft wird.

*) Weder das alte noch neue Luſtſpiel der Griechen,
hat bloß zur Abſicht gehabt, die Thorheiten der Menſchen lächerlich zu machen. — Terenz hat auch ſelten
dieſen Endzweck. In des Plautus Luſtſpielen, liegt
das lächerliche nicht ſowohl in der Sache ſelbſt, als
in den Einfällen des Dichters bey derſelben.

Das

Das Wunderbare.

§. 66.

Unter dem Wunderbaren, verstehet man überhaupt alle seltene, unerwartete und ungewöhnliche Vorfälle: insonderheit aber die sogenannten Maschinen, *) oder die Hülfe, welche man in sehr wichtigen Fällen, **) entweder unmittelbar von Gott, oder von einem Engel desselben, oder vom Teufel, oder von einem andern bösen Geist, leisten läßt, und die heidnischen Dichter von ihren Göttern leisten lassen, um eine Begebenheit dadurch reitzend zu machen. Nach Rammlers Anmerkung, ist das wunderbare dem menschlichen Geist das angenehmste, einem Geist, der des gewöhnlichen Laufs der Natur müde zu werden anfängt, und etwas vortreflicheres zu seinem Vergnügen begehret, solches aber, um die Wahrscheinlichkeit zu beobachten, von höheren Wesen veranstalten läßt.

*) Griechisch μηχαναι. In den Tragödien der Griechen war der Θεὸς ἀπὸ μηχανῆς ἐπιφανεὶς sehr gewöhnlich. *Cicero de natura deorum* lib. I. c. Quod quia quemadmodum natura efficere sine aliqua mente possit, non videtis, vt tragici poetae, quum explicare argumenti exitum non potestis, confugitis ad deum. Cicero drücket hier fast nur Platonis Worte aus, der in seinem Cratylo schreibet: οἱ τραγῳδοποιοὶ, ἐπειδἀντι ἀπορῶσιν ἐπὶ τὰς μηχανας ἀποφεύγουσι Θεὺς αἴροντες. Homerus hat dieses schon eingeführet. S. Erasmi adagiorum chil. I. cenr. I. num. 68.

**) *Horatius de arte poetica* v. 191. redet von der Comödie, und saget:

Nec Deus intersit, niſi dignus vindice nodus Inciderit.

Das

Das Schöne für die Einbildungskraft.

§. 67.

Das Schöne für die Einbildungskraft, soll
nicht blos dazu dienen, daß es dieselbige in die
lebhafteste Bewegung setze, und also dem Menschen einen angenehmen Traum verursache: sondern es soll auch eben diese Kraft der Seele vollkommener machen, welches dadurch geschiehet,
wenn sie Begriffe und Erfindungen befordert.
Die schönen Dinge, welche also in dieser Absicht
auf die Einbildungskraft wirken sollen, müssen
Wahrheit in der Nachahmung eines sinnlichen
Dinges, Richtigkeit und Reichthum in den
Bildern, Vergleichungen und Schilderungen,
Größe, Ordnung, Regelmäßigkeit und Uebereinstimmung in Zusammensetzung der Theile,
und Anmuth in den Gestalten, haben.

Wahrheit in der Nachahmung eines sinnlichen Dinges.

§. 68.

Die schönen Künste geben sich stark mit der
Nachahmung sinnlicher Dinge ab. In derselben
muß Wahrheit, folglich muß sie genau, jedoch
ungezwungen seyn. Unterdessen bleibt alle Nachahmung etwas erdichtetes, und allezeit weniger
als das nachgeahmte, *) ist also auch der Wahrheit immer nachzusetzen. **) Die beste Nachahmung kann die Kunst nicht ganz verbergen,
und also auch die Empfindung nicht verhüten,
daß das Nachgeahmte bey allem Schein nichts
wirkliches sey. Das hat in Ansehung des na-

C 4 türlich

türlich angenehmen und unangenehmen, eine sehr
merkwürdige Wirkung: denn die Empfindung
des nachgeahmten in den natürlich angenehmen
Dingen, verursacht ein Misvergnügen über die
Abwesenheit derselben; und die Empfindung
des nachgeahmten in den natürlich unangeneh=
men Dingen, eine Anmuth. Denn im letztern,
Fall giebt die hervorscheinende Kunst dem Her=
zen die beruhigende Nachricht, daß dasjenige
was man ihm vorgestellt, nur Schein, und
nichts wirkliches sey. Unterdessen handelt doch
der Meister einer schönen Kunst der Klugheit
gemäß, wenn er heßliche Dinge nicht leicht,
eckelhafte und entsetzliche aber, gar nicht nach=
ahmt, denn sie verursachen einen Schauer, sie
mögen wahr seyn, oder nicht. Diese Regel ist
insonderheit für die bildenden Künstler, weil ihre
Werke fortdauernd und unveränderlich sind.

*) *Quinctil. Instit. orat.* l. 10. c. 2. segm. 11. Quidquid
alteri simile est, necesse est minus sit eo quod imi-
tatur, vt vmbra corpore, et imago facie, et actus
histrionum veris affectibus. Quod in orationibus
quoque euenit. Namque iis, quae in exemplum assu-
mimus, subest natura, et vera vis: contra omnis imi-
tatio ficta est, et ad alienum propositum accommodatur.

**) *Cicero de oratore* lib. 3. c. 57. sine dubio in omni re
vincit imitationem veritas.

Von der Allegorie.
§. 69.

Bilder, Gleichnisse und Schilderungen,
machen die Einbildungskraft vollkommener,
wenn sie richtig und kräftig sind. Man nennet
die Bezeichnung der Gedanken durch sinnliche
Bilder,

Bilder, mit welchen sie eine Aenlichkeit haben,
die Allegorie, und diese bildet man selbst alle-
gorisch, indem man sie als ein Frauenzimmer
mahlet, welches durch einen Schleier von dün-
nem Flor verhüllet, aber nicht vor den Augen
verborgen wird. Sie ist eine Art von einge-
führter Sprache, deren sich die Meister der
schönen Künste bedienen müssen, und welche sie
nicht verändern können, ohne dunkel und un-
verständlich zu werden. Ein großer Meister in
der bildenden Kunst, darf es zwar wagen, neue
Sinnbilder zu erfinden; er muß sie aber auch
erklären, wenn die Zuschauer dieselbigen nicht
blos errathen sollen. Der Dichter hat vor demselben einen Vorzug, denn er nennet seine neu
erfundenen allegorischen Personen, und giebt
ihnen hierauf die Eigenschaften, welche sein
Zweck erfordert. Es gehöret viel Witz dazu,
um Allegorien zu erfinden, und viel Verstand,
um sie am rechten Ort anzubringen.

§. 70.

In den bildenden Künsten, hat nicht Freude
und Muße, welche sonst die erste Mutter schöner Künste ist, sondern die Bedürfnisse, die
Allegorie hervorgebracht. Sie können ohne
dieselbe viele Dinge entweder gar nicht, oder
doch nicht auf einem einzigen Stücke ausdrük-
ken. Im ersten Fall braucht die allegorische
Vorstellung nicht stärker als der gemeine Ausdruck der Rede zu seyn: doch ist es immer rühmlich, wenn sie kräftiger ist. Die Allegorie läßt
abgezogene und allgemeine Begriffe, Tugen-

C 5 den,

den, Laſter, Eigenſchaften des Herzens und
Verſtandes, als Perſonen auftreten und handeln, ſie dienet auch dazu, um etwas einfaches,
auf eine angenehme, und der Einbildungskraft
gefällige Art vorzuſtellen, und um etwas wichtiges, ſo wie faßlicher, deutlicher und nachdrücklicher zu machen, alſo auch dem Gedächtniß und
Herzen tiefer einzuprägen.

§. 71.

Die nöthigſten und vornehmſten Eigenſchaften der Allegorie ſind, 1. daß ſie klar und ver-
ſtändlich, und alſo nicht zu weit hergeholt ſey;
denn ſie muß kein Räthſel ſeyn. 2. Daß zwi-
ſchen dem Zeichen und der bezeichneten Sache,
wirklich eine Aeulichkeit ſey. 3. Daß ſie nützlich, folglich kürzer, nachdrücklicher und ſinnli-
cher ſey, als die Vorſtellung der bezeichneten
Sache ohne Bild ſeyn würde. 4. Daß ſie nicht
zu weit getrieben werde. 5. Daß ſie nicht ver-
ſchwenderiſch gebraucht werde, weil, wie Schle-
gel witzig ſagt, es ſonſt ſcheinen würde, als ob
man ſeine Zuſchauer, Zuhörer und Leſer, durch
eine Gallerie von Bildern führe.

Von Vergleichungen und Gleichniſſen.

§. 72.

Vergleichungen und Gleichniſſe ſind von
der Allegorie darinn unterſchieden, daß dieſe
nur das Bild, jene aber zugleich das Gegenbild
darſtellen. Die Gleichniſſe ſind ausgemahlter
oder ausgeführter, als die bloßen Vergleichungen.

gen. Sie werden entweder an statt der Beweise, oder als Bilder bald zur deutlichen und
lebhaften Erläuterung, bald zur Rührung ange-
führet. Sie müssen von keinen dunkeln oder
gar unbekannten Sachen hergenommen werden,
denn dasjenige, was zur Erläuterung einer
Sache dienen soll, muß deutlicher als dieselbige
seyn. Wenn sie bey erheblichen Gelegenheiten
passend angebracht, auch weder über die Ver-
gleichungsstücke getrieben, noch gehäuft werden:
so machen sie den rednerischen und poetischen
Stil erhaben, blühend, angenehm und wun-
derbar, und kommen vermittelst der Einbildungskraft dem Verstande zu Hülfe. *)

*) *Quinctilianus Instit. orat.* lib. 8. c. 3. segm. 72. sqq.
Praeclare ad inferendam rebus lucem repertae sunt *simi-
litudines*, quarum aliae sunt, quae probationis gratia
inter argumenta ponuntur, aliae ad exprimendam rerum
imaginem compositae. Quo in genere id est praecipue
custodiendum, ne id, quod similitudinis gratia adsciui-
mus, aut obscurum sit, aut ignotum. Debet enim
quod illustrandae alterius rei gratia assumitur, ipsum
esse clarius eo, quod illuminat. Quare sane poëtis
qaidem permittamus huius modi exempla:

Qualis vti hybernam Lyciam Xanthique fluenta
Deserit, aut Delon maternam inuisit, Apollo.

Non idem decebit oratorem, vt oculis aperta
demonstret. Sed illud quoque de quo in argumentis
diximus, similitudinis genus, ornat orationem, facit-
que sublimem, floridam, iucundam, mirabilem. Nam,
quo quaeque longius petita est, hoc plus affert nouitatis, atque inexpectata magis est. Illa vulgaria videri
possunt, et utilia tamen ad conciliandam fidem. *Vt
terram cultu, sic animum disciplinis meliorem vberio-
remque fieri.* Et, *vt medici abalienata morbis membra
praecidunt, ita turpes ac perniciosos, etiam si nobis
sanguine cohaereant, amputandos.* Iam sublimius illud
pro Archia: *Saxa atque solitudines voci respondent,*

bestiae

bestiae saepe immanes cantu flectuntur atque consistunt;
nos instituti rebus optimis non poëtarum voce moneamur?
Das genus similitudinis, von welchem Quinctilian
unter den argumentis geredet hat, kommt lib. 5. cap.
11. segm. 22. sqq. vor. *Proximas exemplo vires habet*
similitudo, praecipueque illa, quae ducitur citra vllam
translationum mixturam ex rebus pene paribus. Nec
hominum modo inter se opera similia spectantur, ———
sed et a mutis atque etiam inanimis interim huius modi
ducitur. Et quoniam similium alia facies in tali ratione,
admonendum est, rarius esse in oratione illud genus,
quod εικόνα graeci vocant, (quo exprimitur rerum
imago:) quam id, quo probabilius sit, quod intendi-
mus. Vt, si animum dicas excolendum, similitudine
vtaris terrae, quae neglecta sentes atque dumos, culta
fructus creat: aut, si ad curam reipublicae horteris,
ostendas, apes etiam formicasque, non modo muta,
sed etiam parua animalia, in commune laborare. ———
Solent tamen fallere similitudinum species, ideoque
adhibendum est his iudicium. &c.

Von Schilderungen.

§. 73.

Dem Longin *) und Quinctilian **) zu
folge, nennet man Schilderungen (phantasias,
visiones,) solche Vorstellungen, welche in der
Begeisterung so lebhaft geschehen, daß es schei=
net, als ob man abwesende Dinge selbst vor
Augen habe, und andern vor Augen lege.
Longin theilet sie in die rednerische und dich=
terische ab, und saget, jene solle Evidenz, diese
Erstaunen (und Entzückung) wirken. Wer in
Schilderungen stark ist, hat die Affecten andrer
Menschen in seiner Gewalt. ***) Man erlangt
aber in den Schilderungen destomehr Stärke, je
mehr man die Natur betrachtet und nachahmet.

*) Περὶ ὕψυς cap. 15. καλεῖται Φαντασία, ὅταν,
ἃ λέγης, ὑπ᾽ ἐνθουσιασμῦ καὶ πάθυς βλέπειν
δοκῆς, καὶ ὑπ᾽ ὄψιν τιθῆς τοῖς ἀκυυσιν.
**) Instit.

∞) *Inſtit. orat. lib. 6. c. 2. ſegm. 24.* Quas Φαντασίας
graeci vocant, nos ſane *viſiones* appellemus, per quas
imagines rerum abſentium ita repraeſentantur animo,
vt eas cernere oculis, ac praeſentes habere videamus.

∞∞) *Quinctil.* l. c. ſegm. 30. Has (viſiones) quisquis bene
conceperit, is erit in affectibus potentiſſimus. Hanc
quidam dicunt ἐυφαντασίωτον, qui ſibi res, voces,
actus, ſecundum verum optime ſinget.

Von der Lebhaftigkeit in den ſchönen Künſten und Wiſſenſchaften.

§. 74.

Alle Vorſtellungen, welche nützlich ſeyn ſollen, müſſen lebhaft ſeyn, ja ihre Lebhaftigkeit
muß einen gewiſſen Grad der Vollkommenheit
haben. In der Malerey beſtehet die Lebhaftigkeit in dem Colorit, oder in der Farbengebung. Wenn man bey der Nachahmung oder
Abbildung der Dinge, die Farben und das We-
ſen derſelben gut nachahmt, ſo giebt man ihnen
eine Art des Lebens, und wenn man die natürlichen Dinge ſo ſehr gut nachahmt, wie der
König des Colorits, ich will ſagen, wie Rembrand: ſo ſcheint die Nachahmung oder das
Kunſtwerk Leben zu haben. In der Rede- und
Dichtkunſt, beſtehet die Lebhaftigkeit, in eindringenden und maleriſchen Ausdrücken, im natürlichen Accent, und in Bewegungen des Leibes,
welche den Materien angemeſſen und bedeutend
ſind. Durch den Ton der Stimme, und durch
die Geberden, redet das Herz, und zwar ſtärker,
rühren-

rührender und einnehmender, als der Verstand
durch die ordentliche Rede spricht.

§. 75.

So nöthig und nützlich auch die Lebhaftigkeit und ein beträchtlicher Grad derselben ist, so
nöthig ist doch auch, daß sie in gewissen Fällen
gemäßigt werde: denn gar zu große und starke
Lebhaftigkeit ist im Ton der Stimme und in der
Bewegung des Leibes eben so beschwerlich, als
gar zu starkes Licht den Augen. Wenn die
Geberden den höchsten Grad der Empfindungen
und Leidenschaften ausdrücken, und also zu hef-
tig und gewaltsam sind; so verursachen sie Un-
gestalt. Daher drücken auch die bildenden
Künstler den höchsten Grad der Leidenschaften
nicht gern aus: hingegen in den andern schönen
Künsten ist der Ausdruck desselben vorüberge-
hend, daher er von denselben eher gebraucht
werden kann.

§. 76.

Ganz anders verhält es sich mit der Lebhaftigkeit in der Vorstellung des Bildes einer Sache, durch welche man überredet werden soll, die
Sache selbst vor Augen zu haben, das ist, mit
der Täuscherey, französisch illusion, lateinisch
fallax et mendax visum. Wenn diese bis zur
höchsten Aenlichkeit mit der Natur getrieben
wird, so hindert sie selbst den Gedanken an die
Erdichtung, und entzückt. Sie kann zwar von
allen schönen Künsten und Wissenschaften ge-
wirket werden, wie Myrons eherne Kuh,

Zeuxis

Zeuris gemahlte Weintrauben, Parrhasii Gemählde, über welches ein Vorhang gezogen zu seyn schien, Jacob Rousseau Bogenstellungen seiner Perspectiv=Gemählde, durch welche die Vögel fliegen wollten, und Ciceronis Beschreibung eines schwelgerischen Gastmahls in der Rede zur Vertheidigung Gallii, welche Quinctilian anführet, beweisen: jedoch von einer mehr als von der andern, und von der Dichtkunst vorzüglich, welches Rammlers rührende und unvergleichliche Cantate Ino bestätiget, zu welcher Ovidius nur etwas Stoff gegeben hat. *)

*) *Ovidius Metam.* l. 4. v. 518. sqq.

         Tum denique concita mater

Exululat: passisque fugit male sana capillis.

Teque ferens paruum nudis, Melicerta, lacertis,

Evohe Bacche, sonat. Bacchi sub nomine Juno

Risit: et hos vsus praestet tibi dixit, alumnus.

Imminet aequoribus scopulus, pars ima cauatur

Fluctibus, et tectas defendit ab imbribus vndas:

Summa riget, frontemque in apertum porrigit aequor.

Occupat hunc (vires insania fecerat) Ino:

Seque super pontum, nullo tardato timore

Mittit, onusque suum. Percussa recanduit unda.

Weit rührender und täuschender sagt Rammler:

  Sie fliehet dem gescheuchten Rehe

  Der aufgejagten Gemse gleich,

  Die königliche Tochter Cadmus springt

  Von Klipp auf Klippe, bringt

  Durch Dorn und Hecken.

  Nun weiter kann ich nicht!

  Ich kann nicht höher klimmen! Götter

Ach

Ach rettet! rettet mich! Ich sehe
Den Athamas, an seinen Händen klebt
Noch seines Sohnes Blut,
Er eilt auch diesen zu zerschmettern.
O Meer! o Erde! er ist da!
Ich hör ihn schreyen! er ist da!
Ich hör ihn keuchen! jetzt ergreift er mich.
Du blauer Abgrund, nimm von dieser Felsenspitze
Den armen Melicertes auf,
Nimm der gequälten Ino Seele.

§. 77.

Die Schilderungen der sich nach und
nach zutragenden Veränderungen, gelingt
zwar einem geschickten Dichter sehr gut, wie
die Verwandelungen der Daphne und des
Actäons beym Ovidio *) beweisen: allein die
bildenden Künstler können dasjenige, was keine
Dauer hat, sondern sich alle Augenblicke verändert, und also auch diese Verwandelungen,
nicht abbilden, müssen also auch solches nicht
unternehmen.

*) *Metamorph.* lib. I. v. 548. sqq. heißt es von der Daphne:

Vix prece finita, torpor grauis alligat artus:
Mollia cinguntur tenui praecordia libro.
In frondem crines, in ramos brachia crescunt,
Pes modo tam velox pigris radicibus haeret:
Ora cacumen obit: manet nitor vnus in illa,

und lib. 3. v. 194. sqq. vom *Actaeon:*

Dat sparso capiti viuacis cornua cerui,
Dat spatium collo, summasque cacuminat aures:
Cum pedibusque manus, cum longis brachia mutat
Cruribus, et velat maculoso vellere corpus.

§. 78.

§. 78.

Die Schilderung körperlicher Dinge, ist für Dichter und Redner sehr schwer, weil sie Dinge, die zugleich neben einander sind, in ihren Schilderungen auf einander folgen lassen müssen, dadurch die Vorstellung des ganzen verdunkelt wird. Lasset Redner und Dichter eine schöne Person bestmöglichst beschreiben, ihre Schilderung wird niemals einen solchen Eindruck machen, als die wohlgerathene Nachahmung derselben, welche der Bildhauer und Mahler, insonderheit der letzte, vor Augen stellt.

Das Große und Erhabene.

§. 79.

Das Große erfordert und befördert die Erweiterung der Einbildungskraft, damit sie es auf einmal und ganz fassen könne: denn was sie nur Theilweise fasset, das empfindet sie nicht als groß. Der Künstler muß also die großen und mannigfaltigen Theile bey ihrer Verbindung in eine solche Harmonie bringen, daß die Einbildungskraft sich ein Bild vom ganzen machen könne. Alsdenn bringt ihr das Große ungemeines Vergnügen, dergleichen die weite Aussicht verschaft, von welcher Herr von *Haller* sagt:

Durch den zerfahrnen Dunst von einer dünnen Wolke
Eröfnet sich im Nu der Schauplatz einer Welt.

Das erhabene der Einbildungskraft, schaft eine zweyte sinnliche Welt.

D   Von

Von der Ordnung, Regelmäßigkeit und Uebereinstimmung.

§. 80.

In der Zusammensetzung der Theile und Mannigfaltigkeiten eines Kunstwerks, muß Ordnung, Regelmäßigkeit und Uebereinstimmung seyn. Die Ordnung bestehet in der Stelle, welche die Theile neben und nach einander einnehmen, die Regelmäßigkeit in der Verbindung der vielen und mannigfaltigen Theile nach Maßgebung des abgezielten Zwecks, welcher die Regel macht, und die Uebereinstimmung (Harmonie) in dem gehörigen innern und äussern Verhältniß der Theile gegen einander.

§. 81.

Die Absicht der Ordnung ist entweder nur die Wahrheit, oder auch Anmuth, oder auch der Nutzen. Ohne Ordnung des mannigfaltigen findet weder eigentliche, noch idealische Wahrheit statt. Ist die Stelle für einen jeden Theil des Ganzen seiner Natur und Absicht gemäß, genau und kenntlich abgemessen und bestimmt: so entstehet Anmuth, und wenn die Absicht des Kunstwerks bey der Verbindung der Theile desselben beständig beobachtet worden: so entstehet Nutzen. Der Kunstverständige weiß nicht nur, worinn die Regelmäßigkeit bestehet, sondern er erkennet auch daraus die Werke. S

Von

Von der Zeichnung.

§. 82.

Hieraus erhellet, daß Ordnung, Regelmäſ-
ſigkeit und Uebereinstimmung in Verbindung
des verschiedenen und mannigfaltigen, nur alsdenn Schönheit hervorbringt, wenn sie merk-
liche Vollkommenheit hat: und dazu gehöret
gute Zeichnung in Ansehung des Ganzen, und
gute Ausbildung in Ansehung einzelner Theile.
Beyde Ausdrücke sind aus der Malerkunst entlehnet. Aus der Zeichnung lernet man erken-
nen, ob der Meister einer schönen Kunst einen
lebhaften und fruchtbaren Kopf, erhabene und
edle Gedanken habe? und ob er im Stande sey,
solche geschickt auszudrücken? Die Manier eines
Meisters im Zeichnen, unterscheidet sich so gut,
als die Hand im Schreiben, oder als der Stil
eines Schriftstellers.

§. 83.

Der Entwurf zeiget nur, wie die Haupt-
theile im ganzen verbunden sind. Er muß so
gezeichnet werden, daß man ihn mit einem Blick
als ein ganzes übersehen kann: eine Regel nicht
nur für die bildenden Künstler, sondern auch
für die Redner und Dichter. Er muß vor der
Ausführung eines Kunstwerks hergehen, damit diese dem ganzen keinen Eintrag thue, auch
nichts von der Erfindung verloren gehe. Nur
ein Correggio darf es wagen, zuweilen ohne

D 2   vor-

vorhergehenden Entwurf etwas zu schildern, und
zu sagen, daß seine Gedanken schon in der Spitze
des Pinsels wären.   Der Entwurf muß gleich
zur Zeit der Erfindung und starken Wirkung
der erhitzten Einbildungskraft, gemacht, und
nachgehends mit dem ausgeführten Werk ver=
glichen werden.

Anmuth.

§. 84.

Man muß die Anmuth oder den Reiß,
von der Schönheit unterscheiden.   Sie findet
sich an solchen Dingen, welche dem Gemüth ein
sanftes und stilles Vergnügen verursachen.
Beym Quinctilian heißt sie Gratia, beym Pli=
nius Venustas, Apelles, der erste Maler der=
selben, hat ihr den Namen Venus gegeben,
und unter uns wird sie gemeiniglich die Grazie
genannt. Correggio und Claude Lorrain sind
Meister der Anmuth in den zeichnenden Künsten
gewesen, Virgil und Addison in der Dicht=
kunst, Graun in der Musik.   Nicht alles
Schöne ist auch anmuthig oder reizend, hinge=
gen ist die Anmuth zuweilen bey geringern
Schönheiten in der Natur und Kunst zu finden.
Am gemeinsten und gewöhnlichsten ist, daß
man sie menschlichen Bildern beylegt, und zwar
denen, welche die blühende Jugend vorstellen.
Sie ist schon da zu finden, wo alle Theile sich
ungezwungen und auf die gefälligste Weise zu=
sammenschicken.   Der Meister einer schönen

Kunst,

gen. Sie werden entweder an statt der Be=
weise, oder als Bilder bald zur deutlichen und
lebhaften Erläuterung, bald zur Rührung ange=
führet. Sie müssen von keinen dunkeln oder
gar unbekannten Sachen hergenommen werden,
denn dasjenige, was zur Erläuterung einer
Sache dienen soll, muß deutlicher als dieselbige
seyn. Wenn sie bey erheblichen Gelegenheiten
passend angebracht, auch weder über die Ver=
gleichungsstücke getrieben, noch gehäuft werden:
so machen sie den rednerischen und poetischen
Stil erhaben, blühend, angenehm und wun=
derbar, und kommen vermittelst der Einbil=
dungskraft dem Verstande zu Hülfe. *)

*) *Quinctilianus. Instit. orat. lib. 8. c. 3. segm. 72. sqq.*
Praeclare ad inferendam rebus lucem repertae sunt *simi-
litudines*, quarum aliae sunt, quae probationis gratia
inter argumenta ponuntur, aliae ad exprimendam rerum
imaginem compositae. Quo in genere id est praecipue
custodiendum, ne id, quod similitudinis gratia adsciui-
mus, aut obscurum sit, aut ignotum. Debet enim
quod illustrandae alterius rei gratia assumitur, ipsum
esse clarius eo, quod illuminat. Quare sane poëtis
quidem permittamus huius modi exempla:

Qualis vbi hybernam Lyciam Xanthique fluenta
Deserit, aut Delon maternam inuisit, Apollo.

Non idem decebit oratorem, vt oculis aperta
demonstret. Sed illud quoque de quo in argumentis
diximus, similitudinis genus, ornat orationem, facit-
que sublimem, floridam, iucundam, mirabilem. Nam,
quo quaeque longius petita est, hoc plus affert nouitatis, atque inexpectata magis est. Illa vulgaria videri
possunt, et utilia tamen ad conciliandam fidem. *Vt
terram cultu, sic animum disciplinis meliorem vberio-
remque fieri.* Et, *vt medici abalienata morbis membra
praecidunt, ita turpes ac perniciosos, etiam si nobis
sanguine cohaereant, amputandos.* Iam sublimius illud
pro Archia: *Saxa atque solitudines voci respondent,
bestiae*

bestiae saepe immanes cantu flectuntur atque consistunt; nos instituti rebus optimis non poëtarum voce moneamur? Das genus similitudinis, von welchem Quinctilian unter den argumentis geredet hat, kommt lib. 5. cap. 11. segm. 22. sqq. vor. *Proximas exemplo vires habet similitudo, praecipueque illa, quae ducitur citra ullam translationum mixturam ex rebus pene paribus. Nec hominum modo inter se opera similia spectantur, —— sed et a mutis atque etiam inanimis interim huius modi ducitur. Et quoniam similium alia facies in tali ratione, admonendum est, rarius esse in oratione illud genus, quod εἰκόνα graeci vocant, (quo exprimitur rerum imago:) quam id, quo probabilius sit, quod intendimus. Vt, si animum dicas excolendum, similitudine vtaris terrae, quae neglecta sentes atque dumos, culta fructus creat: aut, si ad curam reipublicae horteris, ostendas, apes etiam formicasque, non modo muta, sed etiam parua animalia, in commune laborare. —— Solent tamen fallere similitudinum species, ideoque adhibendum est his iudicium. &c.*

Von Schilderungen.

§. 73.

Dem Longin *) und Quinctilian **) zu folge, nennet man Schilderungen (phantasias, visiones,) solche Vorstellungen, welche in der Begeisterung so lebhaft geschehen, daß es scheinet, als ob man abwesende Dinge selbst vor Augen habe, und andern vor Augen lege. Longin theilet sie in die rednerische und dichterische ab, und saget, jene solle Evidenz, diese Erstaunen (und Entzückung) wirken. Wer in Schilderungen stark ist, hat die Affecten andrer Menschen in seiner Gewalt. ***) Man erlangt aber in den Schilderungen destomehr Stärke, je mehr man die Natur betrachtet und nachahmet.

*) Περὶ ὕψους cap. 15. καλεῖται φαντασία, ὅταν, ἃ λέγῃς, ὑπ᾽ ἐνθουσιασμῶ καὶ πάθυς βλέπειν δοκῇς, καὶ ὑπ᾽ ὄψιν τιθῇς τοῖς ἀκύουσιν.
**) Iustin.

gen. Sie werden entweder an statt der Beweise, oder als Bilder bald zur deutlichen und
lebhaften Erläuterung, bald zur Rührung ange-
führet. Sie müssen von keinen dunkeln oder
gar unbekannten Sachen hergenommen werden,
denn dasjenige, was zur Erläuterung einer
Sache dienen soll, muß deutlicher als dieselbige
seyn. Wenn sie bey erheblichen Gelegenheiten
passend angebracht, auch weder über die Ver-
gleichungsstücke getrieben, noch gehäuft werden:
so machen sie den rednerischen und poetischen
Stil erhaben, blühend, angenehm und wun-
derbar, und kommen vermittelst der Einbildungskraft dem Verstande zu Hülfe. *)

*) *Quinctilianus Inflit. orat.* lib. 8. c. 3. fegm. 72. fqq.
Praeclare ad inferendam rebus lucem repertae funt *fimi-
litudines*, quarum aliae funt, quae probationis gratia
inter argumenta ponuntur, aliae ad exprimendam rerum
imaginem compofitae. Quo in genere id eft praecipue
cuftodiendum, ne id, quod fimilitudinis gratia adfciui-
mus, aut obfcurum fit, aut ignotum. Debet enim
quod illuftrandae alterius rei gratia affumitur, ipfum
effe clarius eo, quod illuminat. Quare fane poëtis
quidem permittamus huius modi exempla:

Qualis vti hybernam Lyciam Xanthique fluenta
Deferit, aut Delon maternam inuifit, Apollo.

Non idem decebit oratorem, vt oculis aperta
demonftret. Sed illud quoque de quo in argumentis
diximus, fimilitudinis genus, ornat orationem, facit-
que fublimem, floridam, iucundam, mirabilem. Nam,
quo quaeque longius petita eft, hoc plus affert nouitatis, atque inexpectata magis eft. Illa vulgaria videri
poffunt, et utilia tamen ad conciliandam fidem. *Vt
terram cultu, fic animum difciplinis meliorem vberio-
remque fieri.* Et, *vt medici abalienata morbis membra
praecidunt, ita turpes ac perniciofos, etiam fi nobis
fanguine cohaereant, amputandos.* Iam fublimius illud
pro Archia: *Saxa atque folitudines voci. refpondent,*
beſtiae

bestiae saepe immanes cantu flectuntur atque consistunt; nos instituti rebus optimis non poetarum voce moneamur? Das genus similitudinis, von welchem Quinctilian unter den argumentis geredet hat, kommt lib. 5. cap. 11. segm. 22. sqq. vor. Proximas exemplo vires habet similitudo, praecipueque illa, quae ducitur citra ullam translationum mixturam ex rebus pene paribus. Nec hominum modo inter se opera similia spectantur, —— sed et a mutis atque etiam inanimis interim huius modi ducitur. Et quoniam similium alia facies in tali ratione, admonendum est, rarius esse in oratione illud genus, quod εἰκόνα graeci vocant, (quo exprimitur rerum imago:) quam id, quo probabilius fit, quod intendimus. Vt, si animum dicas excolendum, similitudine vtaris terrae, quae neglecta sentes atque dumos, culta fructus. creat: aut, si ad curam reipublicae horteris, ostendas, apes etiam formicasque, non modo muta, sed etiam parua animalia, in commune laborare. —— Solent tamen fallere similitudinum species, ideoque adhibendum est his iudicium. &c.

Von Schilderungen.

§. 73.

Dem Longin *) und Quinctilian **) zu folge, nennet man Schilderungen (phantasias, visiones,) solche Vorstellungen, welche in der Begeisterung so lebhaft geschehen, daß es scheinet, als ob man abwesende Dinge selbst vor Augen habe, und andern vor Augen lege. Longin theilet sie in die rednerische und dichterische ab, und saget, jene solle Evidenz, diese Erstaunen (und Entzückung) wirken. Wer in Schilderungen stark ist, hat die Affecten andrer Menschen in seiner Gewalt. ***) Man erlangt aber in den Schilderungen destomehr Stärke, je mehr man die Natur betrachtet und nachahmet.

*) Περὶ ὕψυς cap. 15. καλεῖται Φαντασία, ὅταν ἃ λέγῃς, ὑπ᾽ ἐνθουσιασμῦ καὶ πάθυς βλέπειν δοκῇς, καὶ ὑπ᾽ ὄψιν τιθῇς τοῖς ἀκύυσιν. **) Instit.

**) *Inflit. orat.* lib. 6. c. 2. fegm. 24. Quas Φαντασίας graeci vocant, nos sane *visiones* appellemus, per quas imagines rerum absentium ita repraesentantur animo, vt eas cernere oculis, ac praesentes habere videamus.

***) *Quinctil.* l. c. fegm. 30. Has (visiones) quisquis bene conceperit, is erit in affectibus potentissimus. Haac quidam dicunt ἐυφαντασίωτον, qui sibi res, voces, actus, secundum verum optime singet.

Von der Lebhaftigkeit in den schönen Künsten und Wissenschaften.

§. 74.

Alle Vorstellungen, welche nützlich seyn sollen, müssen lebhaft seyn, ja ihre Lebhaftigkeit muß einen gewissen Grad der Vollkommenheit haben. In der Malerey bestehet die Lebhaftigkeit in dem Colorit, oder in der Farbengebung. Wenn man bey der Nachahmung oder Abbildung der Dinge, die Farben und das Wesen derselben gut nachahmt, so giebt man ihnen eine Art des Lebens, und wenn man die natürlichen Dinge so sehr gut nachahmt, wie der König des Colorits, ich will sagen, wie Rembrand: so scheint die Nachahmung oder das Kunstwerk Leben zu haben. In der Rede- und Dichtkunst, bestehet die Lebhaftigkeit, in eindringenden und malerischen Ausdrücken, im natürlichen Accent, und in Bewegungen des Leibes, welche den Materien angemessen und bedeutend sind. Durch den Ton der Stimme, und durch die Geberden, redet das Herz, und zwar stärker,

rühren=

rührender und einnehmender, als der Verstand
durch die ordentliche Rede spricht.

§. 75.

So nöthig und nützlich auch die Lebhaftigkeit und ein beträchtlicher Grad derselben ist, so
nöthig ist doch auch, daß sie in gewissen Fällen
gemäßigt werde: denn gar zu große und starke
Lebhaftigkeit ist im Ton der Stimme und in der
Bewegung des Leibes eben so beschwerlich, als
gar zu starkes Licht den Augen. Wenn die
Geberden den höchsten Grad der Empfindungen
und Leidenschaften ausdrücken, und also zu hef-
tig und gewaltsam sind; so verursachen sie Un-
gestalt. Daher drücken auch die bildenden
Künstler den höchsten Grad der Leidenschaften
nicht gern aus: hingegen in den andern schönen
Künsten ist der Ausdruck desselben vorüberge-
hend, daher er von denselben eher gebraucht
werden kann.

§. 76.

Ganz anders verhält es sich mit der Lebhaftigkeit in der Vorstellung des Bildes einer Sache, durch welche man überredet werden soll, die
Sache selbst vor Augen zu haben, das ist, mit
der Täuscherey, französisch illusion, lateinisch
fallax et mendax visum. Wenn diese bis zur
höchsten Aenlichkeit mit der Natur getrieben
wird, so hindert sie selbst den Gedanken an die
Erdichtung, und entzückt. Sie kann zwar von
allen schönen Künsten und Wissenschaften ge-
wirket werden, wie Myrons eherne Kuh,
Zeuxis

Zeuxis gemahlte Weintrauben, Parrhasii Gemählde, über welches ein Vorhang gezogen zu seyn schien, Jacob Rousseau Bogenstellungen seiner Perspectiv-Gemählde, durch welche die Vögel fliegen wollten, und Ciceronis Beschreibung eines schwelgerischen Gastmahls in der Rede zur Vertheidigung Gallii, welche Quinctilian anführet, beweisen: jedoch von einer mehr als von der andern, und von der Dichtkunst vorzüglich; welches Rammlers rührende und unvergleichliche Cantate Ino bestätiget, zu welcher Ovidius nur etwas Stoff gegeben hat. *)

*) Ovidius Metam. l. 4. v. 518. sqq.

      Tum denique concita mater
Exulat, passisque fugit male sana capillis.
    Teque ferens paruum nudis, Melicerta, lacertis,
    Euohe Bacche, sonat. Bacchi sub nomine Iuno
    Risit: et hos vsus praestet tibi dixit, alumnus.
    Imminet aequoribus scopulus, pars ima cauatur
    Fluctibus, et tectas defendit ab imbribus vndas:
    Summa riget, frontemque in apertum porrigit aequor.
    Occupat hunc (vires insania fecerat) Ino:
    Seque super pontum, nullo tardato timore
    Mittit, onusque suum. Percussa recanduit unda.

Weit rührender und täuschender sagt Rammler:

    Sie fliehet dem gescheuchten Rehe
    Der aufgejagten Gemse gleich,
    Die königliche Tochter Cadmus springt
    Von Klipp auf Klippe, bringt
    Durch Dorn und Hecken.
    Nun weiter kann ich nicht!
    Ich kann nicht höher klimmen! Götter

Ach

Ach rettet! rettet mich! Ich sehe
Den Athamas, an seinen Händen klebt
Noch seines Sohnes Blut,
Er eilt auch diesen zu zerschmettern.
O Meer! o Erde! er ist da!
Ich hör ihn schreyen! er ist da!
Ich hör ihn keuchen! jetzt ergreift er mich.
Du blauer Abgrund, nimm von dieser Felsenspitze
Den armen Melicertes auf,
Nimm der gequälten Ino Seele.

§. 77.

Die Schilderungen der sich nach und
nach zutragenden Veränderungen, gelingt
zwar einem geschickten Dichter sehr gut, wie
die Verwandelungen der Daphne und des
Actäons beym Ovidio *) beweisen: allein die
bildenden Künstler können dasjenige, was keine
Dauer hat, sondern sich alle Augenblicke verändert, und also auch diese Verwandelungen,
nicht abbilden, müssen also auch solches nicht
unternehmen.

*) Metamorph. lib. I. v. 548. sqq. heißt es von der Daphne:

Vix prece finita, torpor grauis alligat artus:
Mollia cinguntur tenui praecordia libro.
In frondem crines, in ramos brachia crescunt,
Pes modo tam velox pigris radicibus haeret:
Ora cacumen obit: manet nitor vnus in illa,

und lib. 3. v. 194. sqq. vom Actaeon:

Dat sparso capiti viuacis cornua cerui,
Dat spatium collo, summasque cacuminat aures:
Cum pedibusque manus, cum longis brachia mutat
Cruribus, et velat maculoso vellere corpus.

§. 78.

§. 78.

Die Schilderung körperlicher Dinge, ist für Dichter und Redner sehr schwer, weil sie Dinge, die zugleich neben einander sind, in ihren Schilderungen auf einander folgen lassen müssen, dadurch die Vorstellung des ganzen verdunkelt wird. Lasset Redner und Dichter eine schöne Person bestmöglichst beschreiben, ihre Schilderung wird niemals einen solchen Eindruck machen, als die wohlgerathene Nachahmung derselben, welche der Bildhauer und Mahler, insonderheit der letzte, vor Augen stellt.

Das Große und Erhabene.

§. 79.

Das Große erfordert und befördert die Erweiterung der Einbildungskraft, damit sie es auf einmal und ganz fassen könne: denn was sie nur Theilweise fasset, das empfindet sie nicht als groß. Der Künstler muß also die großen und mannigfaltigen Theile bey ihrer Verbindung in eine solche Harmonie bringen, daß die Einbildungskraft sich ein Bild vom ganzen machen könne. Alsdenn bringt ihr das Große ungemeines Vergnügen, dergleichen die weite Aussicht verschaft, von welcher Herr von Haller sagt:

Durch den zerfahrnen Dunst von einer dünnen Wolke
Eröfnet sich im Nu der Schauplatz einer Welt.

Das erhabene der Einbildungskraft, schaft eine zweyte sinnliche Welt.

D   Von

Von der Ordnung, Regelmäßigkeit und Uebereinstimmung.

§. 80.

In der Zusammensetzung der Theile und Mannigfaltigkeiten eines Kunstwerks, muß Ordnung, Regelmäßigkeit und Uebereinstimmung seyn. Die Ordnung bestehet in der Stelle, welche die Theile neben und nach einander einnehmen, die Regelmäßigkeit in der Verbindung der vielen und mannigfaltigen Theile nach Maßgebung des abgezielten Zwecks, welcher die Regel macht, und die Uebereinstimmung (Harmonie) in dem gehörigen innern und äußern Verhältniß der Theile gegen einander.

§. 81.

Die Absicht der Ordnung ist entweder nur die Wahrheit, oder auch Anmuth, oder auch der Nutzen. Ohne Ordnung des mannigfaltigen findet weder eigentliche, noch idealische Wahrheit statt. Ist die Stelle für einen jeden Theil des Ganzen seiner Natur und Absicht gemäß, genau und kenntlich abgemessen und bestimmt: so entstehet Anmuth, und wenn die Absicht des Kunstwerks bey der Verbindung der Theile desselben beständig beobachtet worden: so entsteht Nutzen. Der Kunstverständige weiß nicht nur, worinn die Regelmäßigkeit bestehet, sondern er erkennet auch daraus die Werke

Von

Von der Zeichnung.

§. 82.

Hieraus erhellet, daß Ordnung, Regelmäß‑
sigkeit und Uebereinstimmung in Verbindung
des verschiedenen und mannigfaltigen, nur als‑
denn Schönheit hervorbringt, wenn sie merk‑
liche Vollkommenheit hat: und dazu gehöret
gute Zeichnung in Ansehung des Ganzen, und
gute Ausbildung in Ansehung einzelner Theile.
Beyde Ausdrücke sind aus der Malerkunst ent‑
lehnet. Aus der Zeichnung lernet man erken‑
nen, ob der Meister einer schönen Kunst einen
lebhaften und fruchtbaren Kopf, erhabene und
edle Gedanken habe? und ob er im Stande sey,
solche geschickt auszudrücken? Die Manier eines
Meisters im Zeichnen, unterscheidet sich so gut,
als die Hand im Schreiben, oder als der Stil
eines Schriftstellers.

§. 83.

Der Entwurf zeiget nur, wie die Haupt‑
theile im ganzen verbunden sind. Er muß so
gezeichnet werden, daß man ihn mit einem Blick
als ein ganzes übersehen kann: eine Regel nicht
nur für die bildenden Künstler, sondern auch
für die Redner und Dichter. Er muß vor der
Ausführung eines Kunstwerks hergehen, da
mit diese dem ganzen keinen Eintrag thue, auch
nichts von der Erfindung verloren gehe. Nur
ein Correggio darf es wagen, zuweilen ohne

vorhergehenden Entwurf etwas zu schildern, und
zu sagen, daß seine Gedanken schon in der Spitze
des Pinsels wären. Der Entwurf muß gleich
zur Zeit der Erfindung und starken Wirkung
der erhitzten Einbildungskraft, gemacht, und
nachgehends mit dem ausgeführten Werk verglichen werden.

Anmuth.

§. 84.

Man muß die Anmuth oder den Reiz,
von der Schönheit unterscheiden. Sie findet
sich an solchen Dingen, welche dem Gemüth ein
sanftes und stilles Vergnügen verursachen.
Beym Quinctilian heißt sie Gratia, beym Pli-
nius Venustas, Apelles, der erste Maler derselben, hat ihr den Namen Venus gegeben,
und unter uns wird sie gemeiniglich die Grazie
genannt. Correggio und Claude Lorrain sind
Meister der Anmuth in den zeichnenden Künsten
gewesen, Virgil und Addison in der Dichtkunst, Graun in der Musik. Nicht alles
Schöne ist auch anmuthig oder reizend, hingegen ist die Anmuth zuweilen bey geringern
Schönheiten in der Natur und Kunst zu finden.
Am gemeinsten und gewöhnlichsten ist, daß
man sie menschlichen Bildern beylegt, und zwar
denen, welche die blühende Jugend vorstellen.
Sie ist schon da zu finden, wo alle Theile sich
ungezwungen und auf die gefälligste Weise zu-
sammenschicken. Der Meister einer schönen
Kunst,

Kunst, welcher sie seinen Werken geben soll,
muß eine so sanfte Seele haben, als Apelles.
Ihr höchster Grad, oder die Holdseligkeit, zeiget
sich da, wo mit der Wirksamkeit des Körpers und
mit der Schönheit seiner äussern Bildung, die
innern Bewegungen einer erhabenen und ihres
himmlischen Ursprungs würdigen Seele, sich
vereinigen.

Von der zweyten Art der Kraft der schönen Künste und Wissenschaften.

§. 85.

Die zweyte Art der Kraft der schönen Künste
und Wissenschaften, bestehet in der Hervorbringung des Schönen für den Geist oder Verstand.
Wenn unsere Sinne und Einbildungskraft durch
die Schönheit der Kunstwerke gerühret worden,
betrachten wir die Kunstwerke mit größrer Aufmerksamkeit, und denken über dieselben nach.

Diese Kraft bestehet darinn, daß sie Gedanken hervorbringt.

§. 86.

Diese Kraft ist größer als die erste, weil
sie durch einen Grad der Vollkommenheit hervorgebracht wird, der den gewöhnlichen übertrift. Es machen denselben die Gedanken aus,
welche der Meister einer schönen Kunst bearbeitet,
und dem Geist merklich, wichtig und reitzend,
folglich auch nützlich macht. Der Philosoph

D 3   lehret

54

lehret und beweiſet kurz und gut, der Künſtler
aber giebt den Gedanken eine ſchöne, gefällige
und einnehmende Geſtalt, und verſchaft dadurch,
daß ſie deſto mehr die Aufmerkſamkeit des Gei-
ſtes erwecken und unterhalten. Ueberlegung,
Prüfung, und ſolche lebhafte Ueberzeugung wirken, die ſich nicht wieder aus dem Gemüth
verlieret.

Eigenſchaften, welche dieſe haben müſſen.

§. 87.

Die Gedanken, welche den Geiſt vollkommener
machen ſollen, müſſen wahr, oder doch wahr-
ſcheinlich, klar, natürlich, einfach, witzig,
ſtark, kurz, reich, groß und erhaben ſeyn.

Wahrheit der Gedanken.

§. 88.

Die Gedanken müſſen wahr ſeyn. Es iſt
aber die Wahrheit in den ſchönen Kunſtwerken,
entweder die wirkliche, oder die idealiſche.
Bisweilen iſt eine wirkliche Begebenheit ſo be-
ſchaffen, daß ſie von den Meiſtern der ſchönen
Künſte unverändert angebracht werden kann,
und in Lehrgedichten und Gedichten vom Land-
leben, liegt die wirkliche Wahrheit zum Grund.
Sie darf auch in manchem andern ſchönen Kunſtwerk durchaus nicht fehlen. Eine jede vorge-
ſtellte Perſon, muß ihren bekannten Kopf, und
ihren kenntlichen Character haben, ja die Meiſter der ſchönen Künſte und Wiſſenſchaften müſ-

ſen

sen sich von allen sinnlichen und sittlichen Dingen, welche sie schildern wollen, das eigenthümliche und unterscheidende wohl bekannt machen.
Die bildenden Künstler müssen das Wirkliche
in Körpern und Sachen beobachten, oder sich,
wie Nicolaus Poußin und Carl le Brun,
nach demjenigen richten, was von den besondern Sitten, Kleidungen, Gebäuden und
Waffen der Völker und Personen bekannt
ist, welche sie vorstellen wollen. Auch ein
Dichter muß in seinen Schilderungen diejenigen Züge anbringen, welche einem jeden Lande,
einer jeden Zeit, und einer jeden Religion gemäß sind. Alles dieses nennet man das übli-
che, auf italienisch costume. Auf gleiche Weise
müssen in der Schilderung der Charactere und
Gesinnungen, das Alter, die Nationalart, der
Stand, das Temperament, die sittliche Beschaffenheit, und die zufälligen Leidenschaften,
wohl beobachtet werden. *) Diese Beobachtung
der wirklichen Wahrheit, muß die Schönheit
nicht hindern.

*) Horatius de arte poëtica v. 113. seqq.
    Intererit multum, Daunsne loquatur, an Heros,
    Maturusne senex, an adhuc florente iuuenta
    Feruidus; an matrona potens, an sedula nutrix,
    Mercatorne vagus, cultorne virentis agelli;
    Colchus, an Assyrius, Thebis nutritus an Argis.
    Aut famam sequere, aut sibi conuenientia finge,
    Scriptor, honoratum si forte reponis Achillem,
    Impiger, iracundus, inexorabilis, acer,
    Iura neget sibi nata, nihil non arroget armis;
    Sit Medea ferox inuictaque, flebilis Ino,
    Perfidus Ixion, Io vaga, tristis Orestes.

Die

Die idealische Wahrheit.

§. 89.

Die Kunst hat das Recht, zu wahren Begebenheiten allerley Zusätze zu erfinden, oder aus Wahrheit und Erdichtung ein Ganzes von einerley Natur zu machen: welches zum Beyspiel in Heldengedichten, (die christlichen nicht ausgenommen) Trauerspielen, und historischen Gemählden geschiehet. Man nennet diese Art der Wahrheit, die idealische. Soll sie eben sowohl, auch in manchem Fall eben so stark als die wirkliche Wahrheit, auf den Geist und das Herz wirken: so muß die Einbildungskraft in den Theilen eines derselben gemäß verfertigten Kunstwerks, lauter Möglichkeit und Uebereinstimmung finden.

§. 90.

Die Wirkung, welche einer Person und Sache in einem idealisch wahren Kunstwerk zugeschrieben wird, muß ihrer erdichteten Natur gemäß seyn: wenn sie aber durch die Kraft derselben nicht hervorgebracht werden kann, alsdenn hat der Künstler das Recht die oben (§. 66.) erwähnten Maschinen zu Hülfe zu nehmen. Der christliche Dichter, welcher dieselben in Materien der christlichen Religion anbringt, muß sehr behutsam zu Werke gehen, damit er nicht nur die Würde der christlichen Religion nicht verletze; sondern auch die heilsame Wirkung dieser Religion befördere. Man kann

Milton

Milton und Klopstock den Ruhm, solche
Behutsamkeit in den meisten Fällen angewandt
zu haben, nicht absprechen.

§. 91.

Unstreitig ist ein Künstler unsrer Zeit, wel=
cher etwas vorstellet, daß entweder die alte heid=
nische Zeit, oder ein heutiges nicht christliches
Volk betrift, verpflichtet, dasselbige der Den=
kungsart dieser Zeit und Nation gemäß darzu=
stellen; (§. 88.) zumal, da eine jede Religion,
ein jedes gemeines Vorurtheil, eine jede alte
Sage, und eine jede philosophische Meynung,
einen gewissen Grad der Wahrheit hat, und da=
durch den Meistern der schönen Künste brauch=
bar wird. Ob es aber recht, ja auch nur zu
entschuldigen sey, wenn ein Maler und Dichter
unter einem aufgeklärten christlichen Volk, in
die Vorstellung wahrer und wichtiger Begeben=
heiten, die sich unter demselben zugetragen ha=
ben, entweder die erdichteten Götter der Grie=
chen, Römer, und anderer alten und neuen
heidnischen Völker, oder Zaubereyen und Hexe=
reyen mischet, und entweder jenen oder diesen,
große Wirkungen zuschreibt, von welchen wohl
gar das Schicksal des ganzen Volks abhängt?
ist eine ganz andere Frage, welche uns unsre
Philosophie und Religion mit nichts anders, als
mit Nein! beantworten läßt.

§. 92.

Wir gestehen, daß dasjenige, was die alten
und ersten Meister der schönen Künste, entwe=

D 5 der

der aus Willkühr, oder aus Bedürfniß, einge=
führt haben, für alle Nachfolgende von dersel=
ben Nation und Religion, in ähnlichen Fällen
ein Gesetz geworden sey, ja daß manches noch
heutiges Tages die Meister der schönen Künste
zur Beobachtung verpflichtet: allein, die Wahr=
heit in den schönen Künsten ist sehr unterschieden
und veränderlich, weil sie den Zeiten, Orten
und Umständen, insonderheit aber der Religion
und Philosophie eines Volks, Landes und Orts,
gemäß eingerichtet und beurtheilet werden muß.
Es hat auch ein jeder neuer großer Meister das
Recht zur eigenen Erfindung und Wahl, da=
durch er seinen Zeitgenossen und Nachfolgern
eben sowohl zur Regel und Nachahmung ge=
reicht, als die alten Meister den ihrigen.

Das Wahrscheinliche.

§. 93.

Das Wahrscheinliche ist entweder schon
einer gewissen Sache eigen, oder es wird ihr
von dem Meister der schönen Kunst gegeben:
Jenes ist das historische, dieses das poetische
Wahrscheinliche. Das erste ist das Glaub=
würdige in wirklichen Begebenheiten, welches in
den schönen Künsten allerdings auch gebraucht,
und z. E. in der Tragödie und Comödie vor=
theilhaft angebracht werden kann. Das poeti=
sche Wahrscheinliche, ist einerley mit dem hy=
pothetisch Wahrscheinlichen. Es hat nur
den Schein der Glaubwürdigkeit, oder es be=
stehet

stehet in demjenigen, was vermuthlich seyn oder
geschehen würde, wenn die erdichtete Sache oder
Person wirklich vorhanden wäre. Die Erfahrung, wie die Menschen zu handeln pflegen, und
die Kenntniß der Meynungen, welche zu verschiedenen Zeiten unter den Menschen geherrschet
haben, sind die Quelle, aus welchen es geschö-
pfet wird. Wenn man es mit dem wunderbaren
verbindet; so vermindert es den Anschein, als
erzähle man etwas unmögliches, wie Aristoteles
wohl angemerkt hat.

Die Fabel.

§. 94.

Auf diese letzte Anmerkung gründen sich die
Fabeln, das ist, nicht nur die äsopischen Fabeln, sondern überhaupt alle Arten der Erdich-
tungen, sie mögen aus der alten Mythologie genommen, oder in neuen Zeiten erfunden worden
seyn, als, die Lust- und Trauerspiele, Heldens-
gedichte, Romane, und dergleichen.

§. 95.

Die Fabel ist zwar eine Nachahmung der
Geschichte, allein sie ist nicht, wie die Geschichte, um ihrer selbst willen da, sondern um zu
zeigen, wie sich die Schwäche und Stärke der
menschlichen Natur auf mannigfaltige Weise
äußere. Es giebt Fabeln, welche ganz und gar
erdichtet sind, und diese verstatten ihren Urhebern
die meiste Freyheit: es giebt solche, in welchen
die Hauptsache mit den Umständen erdichtet ist:

die

die Namen aber sind aus der Historie entlehnet; es giebt endlich solche, in welchen wahre Geschichte enthalten, aber durch Weglassungen, Zusätze und andere Veränderungen, alles der Absicht des Erfinders gemäß eingerichtet ist. 2c.

§. 96.

Eine Fabel erfordert eine Reihe von Begebenheiten, welche man leicht und geschwind übersehen, und also den Anfang, das Mittel und Ende wahrnehmen kann. Zwischenbegebenheiten (Episoden) sind nicht allemal nöthig; wenn sie aber angebracht werden, so muß es an dem schicklichsten Ort geschehen; sie müssen, wo nicht nothwendig, doch wenigstens wahrscheinlich, und weniger erheblich als die Hauptmaterie seyn, auch diese nicht aufheben, wenn sie gleich dieselbige ungezwungen unterbrechen.

§. 97.

Die Fabel hat einen Eingang, einen Knoten, und eine Auflösung desselben. Den Knoten oder die Verwickelung, machen die Zufälle und Hindernisse aus, welche dem entweder gewünschten oder gefürchteten Ausgange wiederstehen. Er verursacht dem Herzen eine unangenehme und oft bange Ungewißheit, die mit der Verwickelung des Knotens zunimmt. Wenn dieser aufs stärkste verwickelt worden, erfolget die entweder wahrscheinlich oder gar nothwendig gewesene Veränderung, welche die Auflösung oder auch die Peripethie, d. i. der Umschlag genennet wird, und aus dem Grunde

der

der Begebenheit und Handlung selbst, herge=
nommen seyn muß.

Klarheit der Gedanken.

§. 98.

Die Klarheit oder Deutlichkeit der Ge=
danken, welche die schöne Kunst und Wissen=
schaft verschaffen muß, bestehet darinn, daß die
Seele etwas für dasjenige erkenne, was es
wirklich ist, oder in dem Kunstwerk seyn soll.
Diese Deutlichkeit gehet vornemlich auf die
Hauptsache, und wird selbst durch den geringern
Grad der Klarheit der Nebensachen befördert:
denn diese müssen nach ihrer verschiedenen Na=
tur, in dem Maaß deutlich seyn, als die Klar=
heit der Hauptsache und des ganzen Kunstwerks,
es erfordert. Alles was die Seele zur Betrach=
tung und zum Nachdenken reitzet, ist ihr auch
zu klaren Vorstellungen behülflich.

Natürlichkeit der Gedanken.

§. 99.

Die Natürlichkeit ist eine besondere Schön=
heit der Gedanken. Man nennet aber in den
schönen Künsten und Wissenschaften nicht das=
jenige natürlich, was roh, ungebildet und grob
ist, sondern was der Natur kenntbar ähnlich,
ja sehr ähnlich, und doch mit Schönheit beglei=
tet ist, imgleichen auch dasjenige, was die
Natur sehr wohl verstattet: *) z. E. daß der
Verstand Dinge verbinde, die in der Natur ge=
trennet sind, und hingegen andere trenne, die

in

in der Natur vereinigt sind. Insonderheit aber
und eigentlich heißt dasjenige natürlich, was
der Natur sehr gemäß und ähnlich ist. Ob es
nun gleich durch die Kunst hervorgebracht wird,
so muß man doch demselben die Kunst nicht an=
sehen, wenigstens ist es desto natürlicher, je
weniger es bey großer Aehnlichkeit mit der Na=
tur, den Anschein der Kunst hat. **) In einem
besondern und vorzüglichen Verstande heißt das=
jenige natürlich, französisch naiv oder naïf,
was nicht nur ganz ungekünstelt und ungezwun=
gen, sondern auch viel sagend und viel bedeu=
tend ist, zu rechter Zeit und am rechten Ort un=
vermuthet angebracht wird. Es kann sich in
Worten, ***) Geberden und Stellungen zeigen.
Es findet gewiß im gemeinen Umgang, in Er=
zählungen, Schäfergedichten und Comödien
statt; ob aber auch in hohen und erhabenen
Materien? darüber sind die Meynungen an=
noch verschieden.

*) *Quinctilianus Instit. orat.* l. 9. c. 4. segm. 7. seq. schrei=
bet in Ansehung der Rede: Neque ignoro, quosdam
esse, qui — — illum horridum sermonem, vt forte
effluxerit, magis *naturalem* — — esse contendant.
Qui si id demum *naturale* esse dicunt, quod a natura
primum ortum est, et quale ante cultum fuit, tota haec
ars orandi subuertetur; neque enim loquuti sunt ad
hanc regulam et diligentiam primi homines. — —
Verum id est maxime naturale, quod fieri natura opti=
me patitur.

**) *Cicero de ornt.* lib. 3. gegens Ende: ars cum a natura
profecta sit, nisi natura moueat ac delectet, nihil sane
egisse videatur.

***) Es muß in den *bons mots* (bonis dictis) seyn, von
welchen *Cicero de ornt.* l. 2. c. 54. schreibt: duo face=
tiarum

tiarum genera, alterum in celeritate et dicto consistit, quod peracutum et breue est. *Ibid.* sect. 222. Dicere enim aiunt Ennium, flammam a sapiente facilius ore in ardenti opprimi, quam *bona dicta* teneat. Haec scilicet bona dicta quae falsa su... Nam ea dicta appellantur suum proprio nomine.

Einfachheit oder edle Einfalt.

§. 100.

Unter der Einfachheit ist dasjenige zu verstehen, was man sonst Simplicität und edle Einfalt nennet. Sie bestehet darinn, wenn das wesentliche einer Sache, nicht mehr und nicht weniger, vorhanden ist. Sie verlangt insonderheit die Vermeidung alles unnöthigen und überflüßigen Schmucks. In der That macht sie die eigentliche Vollkommenheit eines Kunstwerks aus: denn sie folget der Natur, welche unnöthigen Aufwand und Ueberfluß vermeidet, und gerade durch soviel Mittel als nöthig sind, große Absichten ausführet. Es gehöret eine unverfälschte Natur, ein gesunder Geschmack und Kopf dazu, etwas in seiner edlen Einfalt darzustellen: und wenn ein gegenseitiger Geschmack, welchen man gewiß den verdorbenen nennen kann, sehr überhand genommen hat, so vermag solches nur ein großer und geübter Meister, der die edle Einfalt der Natur, und der besten alten Kunstwerke, scharf beobachtet hat, und genau kennet. Solche Kunstwerke, welche sich durch ihre edle Einfalt unterscheiden, gefallen den Leuten von Geschmack zu allen Zeiten, die Mode mag sich verändern wie sie will.

Witz-

Witz.

§. 101.

Der Witz, von welchem hier geredet wird, ist nicht der launische und komische, dessen oben (§. 62.) Erwähnung geschehen ist, sondern der ernsthaft scharfsinnige, welcher zum Nachdenken Anlaß giebt. Dieser vergnüget eben so sehr, als er den Verstand beschäftiget.

Stärke.

§. 102.

Noch mehr giebt dem Geist die Stärke der Gedanken zu thun, denn diese erfordert eine große Anstrengung desselben. Sie wird durch viele Kunst hervorgebracht, und ist nur von einem solchen Meister zu erwarten, der durch vieles und scharfes Nachdenken sich Kenntnissen erworben hat, die gemeine Seelen weder kennen noch fassen. Man muß die Fälle, in welchen sie statt findet, ja nothwendig ist, von denjenigen wohl unterscheiden, in welchen sie unnöthig, ja schädlich ist. So muß sie z. E. in erhabenen Gedichten herrschen, nicht aber in Fabeln und Erzählungen. Die Allegorie (§. 69.) kann den Vorstellungen eine ungemein große, ja die höchste ästhetische Kraft geben, *) wenn sie dieselben sehr sinnlich, deutlich, nachdrücklich, kurz und reich macht. Außer der Stärke der Vorstellungen, giebts auch eine Stärke der Beweise.

*) Haller:
  Mach deinen Raupenstand und einen Tropfen Zeit
  Den nicht zu deinem Zweck, die nicht zur Ewigkeit.

Kürze.

Kürze.

§. 103.

Die Kürze der Gedanken, ist mit der Einfachheit oder edlen Einfalt, sehr nahe verwandt, und in verschiedenen Fällen sehr angenehm und eindringend, z. E. in bons mots, in Scherzreden, *) in der Geschichte, **) u. s. w. allein sie muß keine Dunkelheit verursachen. ***) Sie bestehet nicht darinn, daß von einer Sache zu wenig gesagt wird, sondern darinn, daß nicht mehr davon gesagt wird, als nöthig ist. ****)

*) *Quinctil.* l. 6. c. 3. fegm. 45. Acutior est illa atque velocior in vrbanitate breuitas. Cuius quidem duplex est forma, dicendi et respondendi.

**) *Cicero* redet von Iulii Caesaris kurzem Stil in seinen Commentariis, und saget: nihil est in historia pura er illustri breuitate dulcius. *De claris oratoribus* c. 263.

***) *Horatius de arte poëtica* v. 25.

Breuis esse laboro,

Obscurus fio.

Quinctil. lib. 4. c. 2. fegm. 44. 45. Non minus cauenda erit, quae nimium corripientes omnia sequitur, obscuritas: satiusque est aliquid narrationi superesse, quam deesse. Nam superuacua cum taedio dicuntur, necessaria cum periculo subtrahuntur. Quare vitanda etiam illa Sallustiana (quanquam in ipso virtutis locum obtinet,) breuitas, et abruptum sermonis genus, quod otiosum fortasse lectorem minus fallit, audientem transuolat, nec, dum repetatur, exspectat. &c.

****) *Quinctil.* l. 4. cap. 2. fegm. 43. Nos breuitatem in hoc ponimus, non vt minus, sed ne plus dicatur, quam oportet. fegm. 40-42. Breuis erit narratio ante omnia, si inde coeperimus rem exponere, vnde ad iudicem pertinet;

E

pertinet;. deinde, si nihil extra causam dixerimus;
tum etiam, si reciderimus omnia, quibus sublatis, nec
cognitioni· quidquam, nec vtilitati detrahatur. Solet
enim esse quaedam partium breuitas, quae longam
tamen efficit summam. *In portum vent, nauim praspexi,*
quanti veheret interrogaui, de pretio conuenit, causc.rudi, sublatae sunt ancorae, soluimus oram, prouecti sumus.
Nihil horum dici celerius potest, sed sufficit dicere,
e porta nauigaui. Et quoties exitus rei satis ostendit
priora, debemus hoc esse contenti, quo reliqua intelliguntur. — — Ideoque graecorum aliqui aliud circumcisam expositionem, id est σύντομον, aliud breuem
putauerant: quod illa supernacuis careret, haec posset
aliquid ex necessariis desiderare.

Reichthum.

§. 104.

Der Reichthum an Gedanken, ist nicht
der eben erwähnten Kürze, als mit welcher er
wohl bestehen kann, sondern dem Mangel und
der Armuth entgegen gesetzt, und bestehet in der
Menge und Mannigfaltigkeit der Gedanken.
Er giebt dem Verstande erwünschte Beschäftigung und Nahrung, und wird ihm dadurch
nützlich und angenehm zugleich. Nicht alle
Gedanken eines fruchtbaren Kopfs sind wichtig
und nöthig: es muß also eine kluge Wahl unter
denselben angestellet, die erwählten mannigfaltigen Gedanken aber müssen zu einem ganzen
also verbunden werden, daß Vollkommenheit,
Schönheit und Reitz entstehe. Dieses kann
nicht ohne seinen Geschmack werkstellig gemacht
werden: und wo derselbige fehlet, da entstehet
aus

aus der Mannigfaltigkeit ein solches unnatürli=
ches Wesen, als Horatz de arte poëtica, gleich,
im Anfang beschreibet:

    Humano capiti ceruicem pictor equinam
    Iungere si velit, et varias inducere plumas
    Vndique collatis membris, vt turpiter atrum
    Desinat in piscem mulier formosa superne;
    Spectatum admissi risum teneatis amici?
    Credite, Pisones, isti tabulae fore librum
    Persimilem, cuius, velut aegri somnia, vanae
    Fingentur species; vt nec pes nec caput vni
    Reddatur formae.

Oder die Verschwendung des mannigfaltigen an
ein einziges Stück, hat die Wirkung, welche
er folgendermaßen ausdrücket:

    Qui variare cupit rem prodigialiter vnam
    Delphinum siluis appingit, fluctibus aprum.
    In vitium ducit culpae fuga, si caret arte.

Er sagt also mit Recht:

    Infelix operis summa, quia ponere totum
    Nesciet.

Und giebt schon vorher die wichtige Regel:

    Denique sit quoduis simplex duntaxat et
                vnum.

Größe.

§. 105.

Das Große erfordert eine ungemeine An=
strengung des Verstandes, damit er sich dassel=
bige auf einmahl und im ganzen gedenken könne.
Es reitzet, übet, stärket und unterhält also den

Geist, und lehret ihn seine Kraft kennen und
gebrauchen. Das Vergnügen, welches uns
die Empfindung oder Erfahrung dieser Kraft
unsers Geistes, verschaft, übertrift das Vergnügen an blos angenehmen Dingen, eben so
sehr, als das Vermögen etwas großes zu denken, das Vermögen etwas angenehmes zu empfinden, überwiegt. So wenig aber alle Menschen das Große begreifen können: eben so wenig können es alle Meister der schönen Künste
und Wissenschaften bearbeiten, und der Einbildungskraft und dem Verstande vorstellen. Ein
großer Meister in einer schönen Kunst und Wissenschaft, giebt sich nur mit großen und wichtigen Gegenständen, mit kleinen und gemeinen
aber entweder gar nicht ab, oder wenn er dieselben entweder aus Nothwendigkeit, oder zur
Belustigung freywillig bearbeitet, so giebt er
ihnen durch die Kunst ein wichtiges Ansehen,
wie Homer dem Kriege der Mäuse mit den
Fröschen, und Zachariä dem Murner in der
Hölle, dem Schnupftuch. rc.

§. 106.

Die Größe, in so fern sie den Verstand
beschäftiget, ist entweder eine physicalische,
oder eine metaphysische. Die physicalische
oder körperliche Größe, machen viele außer-
einander befindliche Theile aus. Weil wir dieselben nicht zählen können, so messen wir die
körperliche Größe durch Vergleichung. Dieses
geschiehet insonderheit auch alsdenn, wenn wir

uns

uns etwas gar zu großes vorstellen wollen, welches nicht auf einmahl übersehen werden kann,
sondern theilweise betrachtet werden muß: denn
damit dasselbige nicht um deswillen bey uns etwas von seiner Größe verlieren möge, so helfen
wir uns einigermaßen dadurch, daß wir es noch
größer gedenken, als das gröste ist, welches unsere Sinne auf einmahl fassen können. Zu den
körperlichen Größen gehören nicht nur Dinge,
die außer der Höhe, auch eine verhältnismäßige
Breite und Dicke haben, sondern auch unab-
sehliche Tiefen und längen, und selbst die
Dauer; welche letztere um deswillen dazu ge-
rechnet wird, weil sie durch die Bewegung erkannt und gemessen wird.

§. 107.

Etwas körperliches ist nicht nur an sich,
sondern auch in dem Maas groß, als es in der
Nachbarschaft grösserer oder kleinerer Dinge ist,
vorgestellt und gedacht wird. Was sich also als
körperlich groß der Einbildungskraft und dem
Verstande darstellen soll, muß nicht in der Nähe
noch grösserer, sondern kleinerer Dinge stehen,
denn sonst verlieret es eben soviel, als die meisten egyptischen Obelisken zu Rom, welche zwar
von ansehnlicher Größe sind, aber in den Vor-
höfen der grösten Gebäude stehen, deren Nachbarschaft sie verkleinert.

§. 108.

Die bildenden Künste müssen sich fast blos
auf körperliche Größen einschränken, und wenn

sie

sie unkörperliche Dinge abbilden wollen, so
müssen sie doch dieselben durch Körper andeuten.
Es können aber auch die körperlichen Größen
durch dieselben leichter und besser, als durch die
Rede- und Dichtkunst geschildert werden, weil
jene auf einmahl eine Vorstellung von dem Ganzen machen können, welches diese nicht vermögen.
Sie gerathen aber auch oft in Gefahr zu fehlen.

§. 109.

Metaphysische Größe nenne ich diejenige,
welche von andern innere Größe genannt wird.
Sie bestehet in der Menge und Erheblichkeit der
Kräfte, und diese wird aus den Wirkungen erkannt. Eine Kraft die schnell oder doch in kurzer Zeit, etwas schweres und wichtiges ausrichtet, ist größer als diejenige, welche eben dasselbige in längerer Zeit bewirket. Hier rede ich
von der Größe des Verstandes, welche von den
Meistern der schönen Künste und Wissenschaften
befördert wird, durch vielsagende Gedanken,
Begriffe und Worte, und durch gründliche
Unterscheidung des Wahren vom Falschen, des
Guten vom Bösen, des Wichtigen vom Unerheblichen, der Hauptsachen von den Nebensachen.
Am meisten können sie die Größe des Verstandes
bey sich und andern befördern, wenn sie Betrachtungen Gottes anstellen und veranlassen,
dessen Größe ohne alle Einschränkung und Be-
stimmung, und der allein unvergleichlich ist.
Seine Werke zeugen von seine Größe, und
machen uns ihn einigermaßen begreiflich.

Das

uns etwas gar zu großes vorſtellen wollen, welches nicht auf einmahl überſehen werden kann,
ſondern theilweiſe betrachtet werden muß: denn
damit daſſelbige nicht um deswillen bey uns etwas von ſeiner Größe verlieren möge, ſo helfen
wir uns einigermaßen dadurch, daß wir es noch
größer gedenken, als das gröſte iſt, welches unſere Sinne auf einmahl faſſen können. Zu den
körperlichen Größen gehören nicht nur Dinge,
die außer der Höhe, auch eine verhältnismäßige
Breite und Dicke haben, ſondern auch unab-
ſehliche Tiefen und Längen, und ſelbſt die
Dauer; welche letztere um deswillen dazu ge-
rechnet wird, weil ſie durch die Bewegung erkannt und gemeſſen wird.

§. 107.

Etwas körperliches iſt nicht nur an ſich,
ſondern auch in dem Maas groß, als es in der
Nachbarſchaft gröſſerer oder kleinerer Dinge iſt,
vorgeſtellt und gedacht wird. Was ſich alſo als
körperlich groß der Einbildungskraft und dem
Verſtande darſtellen ſoll, muß nicht in der Nähe
noch gröſſerer, ſondern kleinerer Dinge ſtehen,
denn ſonſt verlieret es eben ſoviel, als die meiſten egyptiſchen Obelisken zu Rom, welche zwar
von anſehnlicher Größe ſind, aber in den Vor
höfen der gröſten Gebäude ſtehen, deren Nach
barſchaft ſie verkleinert.

§. 108.

Die bildenden Künſte müſſen ſich faſt b
auf körperliche Größen einſchränken, und w

E 3

sie unkörperliche Dinge abbilden wollen, so müssen sie doch dieselben durch Körper andeuten. Es können aber auch die körperlichen Größen durch dieselben leichter und besser, als durch die Rede- und Dichtkunst geschildert werden, weil jene auf einmahl eine Vorstellung von dem Ganzen machen können, welches diese nicht vermögen. Sie gerathen aber auch oft in Gefahr zu fehlen.

§. 109.

Metaphysische Größe nenne ich diejenige, welche von andern innere Größe genannt wird. Sie bestehet in der Menge und Erheblichkeit der Kräfte, und diese wird aus den Wirkungen erkannt. Eine Kraft die schnell oder doch in kurzer Zeit, etwas schweres und wichtiges ausrichtet, ist größer als diejenige, welche eben dasselbige in längerer Zeit bewirket. Hier rede ich von der Größe des Verstandes, welche von den Meistern der schönen Künste und Wissenschaften befördert wird, durch vielsagende Gedanken, Begriffe und Worte, und durch gründliche Unterscheidung des Wahren vom Falschen, des Guten vom Bösen, des Wichtigen vom Unerheblichen, der Hauptsachen von den Nebensachen. Am meisten können sie die Größe des Verstandes bey sich und andern befördern, wenn sie Betrachtungen Gottes anstellen und veranlassen, von Größe ohne alle Einschränkung und Be und der allein unvergleichlich ist. nach von seine Größe, und maßen begreiflich.

Das

der Begebenheit und Handlung selbst, herge=
nommen seyn muß.

Klarheit der Gedanken.

§. 98.

Die Klarheit oder Deutlichkeit der Ge=
danken, welche die schöne Kunst und Wissen=
schaft verschaffen muß, bestehet darinn, daß die
Seele etwas für dasjenige erkenne, was es
wirklich ist, oder in dem Kunstwerk seyn soll.
Diese Deutlichkeit gehet vornemlich auf die
Hauptsache, und wird selbst durch den geringern
Grad der Klarheit der Nebensachen befördert:
denn diese müssen nach ihrer verschiedenen Na=
tur, in dem Maaß deutlich seyn, als die Klar=
heit der Hauptsache und des ganzen Kunstwerks,
es erfordert. Alles was die Seele zur Betrach=
tung und zum Nachdenken reißet, ist ihr auch
zu klaren Vorstellungen behülflich.

Natürlichkeit der Gedanken.

§. 99.

Die Natürlichkeit ist eine besondere Schön=
heit der Gedanken. Man nennet aber in den
schönen Künsten und Wissenschaften nicht das=
jenige natürlich, was roh, ungebildet und grob
ist, sondern was der Natur kenntbar ähnlich,
ja sehr ähnlich, und doch mit Schönheit beglei=
tet ist, imgleichen auch dasjenige, was die
Natur sehr wohl verstattet: *) z. E. daß der
Verstand Dinge verbinde, die in der Natur ge=
trennet sind, und hingegen andere trenne, die

in

in der Natur vereinigt sind. Insonderheit aber
und eigentlich heißt dasjenige natürlich, was
der Natur sehr gemäß und ähnlich ist. Ob es
nun gleich durch die Kunst hervorgebracht wird,
so muß man doch demselben die Kunst nicht ansehen, wenigstens ist es desto natürlicher, je
weniger es bey großer Aehnlichkeit mit der Natur, den Anschein der Kunst hat. **) In einem
besondern und vorzüglichen Verstande heißt dasjenige natürlich, französisch naiv oder naïf,
was nicht nur ganz ungekünstelt und ungezwungen, sondern auch viel sagend und viel bedeutend ist, zu rechter Zeit und am rechten Ort un-
vermuthet angebracht wird. Es kann sich in
Worten, ***) Geberden und Stellungen zeigen.
Es findet gewiß im gemeinen Umgang, in Erzählungen, Schäfergedichten und Comödien
statt; ob aber auch in hohen und erhabenen
Materien? darüber sind die Meynungen an-
noch verschieden.

*) *Quinctilianus Instit. orat.* l. 9. c. 4. segm. 7. seq. schreibet in Ansehung der Rede: Neque ignoro, quosdam
esse, qui — — illum horridum sermonem, vt forte
effluxerit, magis *naturalem* — — esse contendant.
Qui si id demum *naturale* esse dicunt, quod a natura
primum ortum est, et quale ante cultum fuit, tota haec
ars orandi subuertetur; neque enim loquuti sunt ad
hanc regulam et diligentiam primi homines. — —
Verum id est maxime naturale, quod fieri natura optime patitur.

**) *Cicero de ornt.* lib. 1. gegens Ende: ars cum a natura
profecta sit, nisi natura moueat ac delectet, nihil sane
egisse videatur.

***) Es muß in den *bons mots* (bonis dictis) seyn, von
welchen *Cicero de ornt.* l. 2. c. 54. schreibt: duo face-
tiarum

tiarum genera, alterum in celeritate et dicto confiſtit,
quod peracutum et breue eſt. *Ibid.* ſect. 222. Dicere
enim aiunt Ennium, flammam a ſapiente facilius ore in
ardenti opprimi, quam *bona dicta* teneat. Hæc ſcilicet
bona dicta quae falſa ſunt. Nam ea dicta appellantur
ſuum proprio nomine.

Einfachheit oder edle Einfalt.

§. 100.

Unter der Einfachheit iſt dasjenige zu
verſtehen, was man ſonſt Simplicität und
edle Einfalt nennet. Sie beſtehet darinn,
wenn das weſentliche einer Sache, nicht mehr
und nicht weniger, vorhanden iſt. Sie ver=
langt inſonderheit die Vermeidung alles unnö=
thigen und überflüßigen Schmucks. In der
That macht ſie die eigentliche Vollkommenheit
eines Kunſtwerks aus: denn ſie folget der Na=
tur, welche unnöthigen Aufwand und Ueber=
fluß vermeidet, und gerade durch ſoviel Mittel
als nöthig ſind, große Abſichten ausführet. Es
gehöret eine unverfälſchte Natur, ein geſunder
Geſchmack und Kopf dazu, etwas in ſeiner
edlen Einfalt darzuſtellen: und wenn ein gegen=
ſeitiger Geſchmack, welchen man gewiß den ver=
dorbenen nennen kann, ſehr überhand genom=
men hat, ſo vermag ſolches nur ein großer und
geübter Meiſter, der die edle Einfalt der Natur,
und der beſten alten Kunſtwerke, ſcharf beobachtet
hat, und genau kennet. Solche Kunſtwerke,
welche ſich durch ihre edle Einfalt unterſcheiden,
gefallen den Leuten von Geſchmack zu allen Zei=
ten, die Liebe mag ſich verändern wie ſie will.

Witz.

Witz.
§. 101.

Der Witz, von welchem hier geredet wird, ist nicht der launische und komische, dessen oben (§. 62.) Erwähnung geschehen ist, sondern der ernsthaft scharfsinnige, welcher zum Nachdenken Anlaß giebt. Dieser vergnüget eben so sehr, als er den Verstand beschäftiget.

Stärke.
§. 102.

Noch mehr giebt dem Geist die Stärke der Gedanken zu thun, denn diese erfordert eine große Anstrengung desselben. Sie wird durch viele Kunst hervorgebracht, und ist nur von einem solchen Meister zu erwarten, der durch vieles und scharfes Nachdenken sich Kenntnissen erworben hat, die gemeine Seelen weder kennen noch fassen. Man muß die Fälle, in welchen sie statt findet, ja nothwendig ist, von denjenigen wohl unterscheiden, in welchen sie unnöthig, ja schädlich ist. So muß sie z. E. in erhabenen Gedichten herrschen, nicht aber in Fabeln und Erzählungen. Die Allegorie (§. 69.) kann den Vorstellungen eine ungemein große, ja die höchste ästhetische Kraft geben, *) wenn sie dieselben sehr sinnlich, deutlich, nachdrücklich, kurz und reich macht. Außer der Stärke der Vorstellungen, giebts auch eine Stärke der Beweise.

*) Haller:
Mach deinen Raupenstaub und einen Tropfen Zeit
Den nicht zu deinem Zweck, die nicht zur Ewigkeit.

Kurze.

Kürze.

§. 103.

Die Kürze der Gedanken, ist mit der Einfachheit oder eblen Einfalt, sehr nahe verswandt, und in verschiedenen Fällen sehr angenehm und eindringend, z. E. in bons mots, in Scherzreden, *) in der Geschichte, **) u. s. w. allein sie muß keine Dunkelheit verursachen. ***) Sie bestehet nicht darinn, daß von einer Sache zu wenig gesagt wird, sondern darinn, daß nicht mehr davon gesagt wird, als nöthig ist. ****)

*) *Quinctil.* l. 6. c. 3. segm. 45. Acutior est illa atque velocior in vrbanitate breuitas. Cuius quidem duplex est forma, dicendi et respondendi.

**) *Cicero* redet von Iulii Caesaris kurzem Stil in seinen Commentariis, und saget: nihil est in historia pura et illustri breuitate dulcius. *De claris oratoribus* c. 263.

***) *Horatius de arte poëtica* v. 25.
Breuis esse laboro,
Obscurus fio.
Quinctil. lib. 4. c. 2. segm. 44. 45. Non minus cauenda erit, quae nimium corripientes omnia sequitur, obscuritas: satiusque est aliquid narrationi superesse, quam deesse. Nam superuacua cum taedio dicuntur, necessaria cum periculo subtrahuntur. Quare vitanda etiam illa Sallustiana (quanquam in ipso virtutis locum obtinet,) breuitas, et abruptum sermonis genus, quod etiosum fortasse lectorem minus fallit, audientem transuolat, nec, dum repetatur, exspectat. &c.

****) *Quinctil.* l. 4. cap. 2. segm. 43. Nos breuitatem in hoc ponimus, non vt minus, sed ne plus dicatur, quam oportet. segm. 40. 42. Breuis erit narratio ante omnia, si inde coeperimus rem exponere, vnde ad iudicem

E   pertinet;

pertinet; deinde, fi nihil extra caufam dixerimus; tum etiam, fi reciderimus omnia, quibus fublatis, nec cognitioni quidquam, nec vtilitati detrahatur. Solet enim effe quaedam partium breuitas, quae longam tamen efficit fummam. *In portum veni, nauim profpexi, quanti veheret interrogaui, de pretio connenit, confcendi, fublatae funt ancorae, foluimus oram, prouecti fumus.* Nihil horum dici celerius poteft, fed fufficit dicere, *e porta nauigaui.* Et quoties exitus rei fatis oftendit priora, debemus hoc effe contenti, quo reliqua intelliguntur. —— Ideoque graecorum aliqui aliud circumcifam expofitionem, id eft σύντομον, aliud breuem putauerunt: quod illa fupernacuis careret, haec poffet aliquid ex necceffariis defiderare.

Reichthum.

§. 104.

Der Reichthum an Gedanken, ift nicht der eben erwähnten Kürze, als mit welcher er wohl beftehen kann, fondern dem Mangel und der Armuth entgegen gefetzt, und beftehet in der Menge und Mannigfaltigkeit der Gedanken. Er giebt dem Verftande erwünfchte Befchäftigung und Nahrung, und wird ihm dadurch nützlich und angenehm zugleich. Nicht alle Gedanken eines fruchtbaren Kopfs find wichtig und nöthig: es muß alfo eine kluge Wahl unter denfelben angeftellet, die erwählten mannigfaltigen Gedanken aber müffen zu einem ganzen alfo verbunden werden, daß Vollkommenheit, Schönheit und Reitz entftehe. Diefes kann nicht ohne feinen Gefchmack werkftellig gemacht werden: und wo derfelbige fehlet, da entftehet

aus

aus der Mannigfaltigkeit ein solches unnatürli=
ches Wesen, als Horaz de arte poëtica, gleich,
im Anfang beschreibet:

Humano capiti ceruicem pictor equinam
Iungere si velit, et varias inducere plumas
Vndique collatis membris, vt turpiter atrum
Desinat in piscem mulier formosa superne;
Spectatum admissi risum teneatis amici?
Credite, Pisones, isti tabulae fore librum
Persimilem, cuius, velut aegri somnia, vanae
Fingentur species; vt nec pes nec caput vni
Reddatur formae.

Oder die Verschwendung des mannigfaltigen an
ein einziges Stück, hat die Wirkung, welche
er folgendermaßen ausdrücket:

Qui variare cupit rem prodigialiter vnam
Delphinum siluis appingit, fluctibus aprum.
In vitium ducit culpae fuga, si caret arte.

Er sagt also mit Recht:

Infelix operis summa, quia ponere totum
Nesciet.

Und giebt schon vorher die wichtige Regel:

Denique sit quoduis simplex duntaxat et
vnum.

Größe.

§. 105.

Das Große erfordert eine ungemeine An=
strengung des Verstandes, damit er sich dassel=
bige auf einmahl und im ganzen gedenken könne.
Es reißet, übet, stärket und unterhält also den

E 2   Geist

Geist, und lehret ihn seine Kraft kennen und
gebrauchen. Das Vergnügen, welches uns
die Empfindung oder Erfahrung dieser Kraft
unsers Geistes, verschaft, übertrift das Ver=
gnügen an blos angenehmen Dingen, eben so
sehr, als das Vermögen etwas großes zu den=
ken, das Vermögen etwas angenehmes zu em=
pfinden, überwiegt. So wenig aber alle Men=
schen das Große begreifen können: eben so we=
nig können es alle Meister der schönen Künste
und Wissenschaften bearbeiten, und der Einbil=
dungskraft und dem Verstande vorstellen. Ein
großer Meister in einer schönen Kunst und Wis=
senschaft, giebt sich nur mit großen und wichti=
gen Gegenständen, mit kleinen und gemeinen
aber entweder gar nicht ab, oder wenn er diesel=
ben entweder aus Nothwendigkeit, oder zur
Belustigung freywillig bearbeitet, so giebt er
ihnen durch die Kunst ein wichtiges Ansehen,
wie Homer dem Kriege der Mäuse mit den
Fröschen, und Zachariä dem Murner in der
Hölle, dem Schnupftuch. rc.

§. 106.

Die Größe, in so fern sie den Verstand
beschäftiget, ist entweder eine physicalische,
oder eine metaphysische. Die physicalische
oder körperliche Größe, machen viele außer=
einander befindliche Theile aus. Weil wir die=
selben nicht zählen können, so messen wir die
körperliche Größe durch Vergleichung. Dieses
geschiehet insonderheit auch alsdenn, wenn wir

uns

uns etwas gar zu großes vorstellen wollen, wel=
ches nicht auf einmahl übersehen werden kann,
sondern theilweise betrachtet werden muß: denn
damit dasselbige nicht um deswillen bey uns et=
was von seiner Größe verlieren möge, so helfen
wir uns einigermaßen dadurch, daß wir es noch
größer gedenken, als das größte ist, welches un=
sere Sinne auf einmahl fassen können. Zu den
körperlichen Größen gehören nicht nur Dinge,
die außer der Höhe, auch eine verhältnismäßige
Breite und Dicke haben, sondern auch unab=
sehliche Tiefen und Längen, und selbst die
Dauer; welche letztere um deswillen dazu ge=
rechnet wird, weil sie durch die Bewegung er=
kannt und gemessen wird.

§. 107.

Etwas körperliches ist nicht nur an sich,
sondern auch in dem Maas groß, als es in der
Nachbarschaft grösserer oder kleinerer Dinge ist,
vorgestellt und gedacht wird. Was sich also als
körperlich groß der Einbildungskraft und dem
Verstande darstellen soll, muß nicht in der Nähe
noch grösserer, sondern kleinerer Dinge stehen,
denn sonst verlieret es eben soviel, als die mei=
sten egyptischen Obelisken zu Rom, welche zwar
von ansehnlicher Größe sind, aber in den Vor=
höfen der größten Gebäude stehen, deren Nach=
barschaft sie verkleinert.

§. 108.

Die bildenden Künste müssen sich fast blos
auf körperliche Größen einschränken, und wenn

sie

sie unkörperliche Dinge abbilden wollen, so
müssen sie doch dieselben durch Körper andeuten.
Es können aber auch die körperlichen Größen
durch dieselben leichter und besser, als durch die
Rede- und Dichtkunst geschildert werden, weil
jene auf einmahl eine Vorstellung von dem Ganzen machen können, welches diese nicht vermögen.
Sie gerathen aber auch oft in Gefahr zu fehlen.

§. 109.

Metaphysische Größe nenne ich diejenige,
welche von andern innere Größe genannt wird.
Sie bestehet in der Menge und Erheblichkeit der
Kräfte, und diese wird aus den Wirkungen erkannt. Eine Kraft die schnell oder doch in kurzer Zeit, etwas schweres und wichtiges ausrichtet, ist größer als diejenige, welche eben dasselbige in längerer Zeit bewirket. Hier rede ich
von der Größe des Verstandes, welche von den
Meistern der schönen Künste und Wissenschaften
befördert wird, durch vielsagende Gedanken,
Begriffe und Worte, und durch gründliche
Unterscheidung des Wahren vom Falschen, des
Guten vom Bösen, des Wichtigen vom Unerheblichen, der Hauptsachen von den Nebensachen.
Am meisten können sie die Größe des Verstandes
bey sich und andern befördern, wenn sie Betrachtungen Gottes anstellen und veranlassen,
dessen Größe ohne alle Einschränkung und Be-
stimmung, und der allein unvergleichlich ist.
Seine Werke zeugen von seine Größe, und
machen uns ihn einigermaßen begreiflich.

Das

Das Erhabene.

§. 110.

Man nennet dasjenige erhaben, was andre Dinge an Höhe übertrift. — Das wahre erhabene wird von allen empfindsamen Leuten, und zu allen Zeiten dafür erkannt. — Es hat eine unüberwindliche Kraft, die besser empfunden, als beschrieben werden kann, — ziehet das Gemüth desto mehr an sich, je länger es betrachtet wird, und macht einen unauslöschlichen Eindruck in die Seele. Es erreget nicht nur Bewunderung, sondern auch Erstaunen, edlen Stolz, und entzückendes Vergnügen, in einigen Fällen auch Furcht und Schrecken. Solche Wirkungen hat der Anblick des Himmels bey Tage und Nacht, wenn keine Wolken ihn hindern, aber auch die schwarzen Gewitterwolken, welche sich auf einander thürmen: ferner der Anblick der höchsten Berge auf dem Erdboden, und anderer körperlichen Dinge. Alle schönen Künste und Wissenschaften können das erhabene ausdrücken. Quinctilian *) saget, Phidiä Meisterstück, der olympische Jupiter, sey so erhaben und majestätisch gewesen, daß es die hergebrachte Religion befördert zu haben geschienen. Freylich, die bey seinen Landesleuten hergebrachte Religion, denn, wie Herr von Hagedorn **) überaus richtig und schön saget, unsere höchsten und lautern Begriffe von Gott, lassen sich unter kein menschliches Bild fassen, und ich setze hinzu,

E 4   wenn

wenn es auch von Raphael gemahlet würde, den
man den Mahler des erhabenen nennen kann.

*) *Inſtit. orat.* lib. 12. cap. 10. ſegm. 9. Ejus pulchritudo
adieciſſe aliquid etiam receptae religioni videtur, adeo
majeſtas operis deum aequauit.

**) Betrachtungen über die Mahlerey. S. 629.

§. 111.

Wenn das Erhabene vollkommen in der
Sache ſelbſt liegt, bedarf es der Hülfe der Kunſt
nicht, es läſt auch dieſelbige nicht zu: bisweilen
aber bekommt etwas, das an ſich ſchon wichtig iſt,
das Erhabene erſt durch die Art und Weiſe, wie es
vorgeſtellt wird, welches nach dem Longin, in
der Redekunſt, vermittelſt der Figuren, der Me-
taphern, und der Harmonie der Worte, auch des
geſchickten Gangs der Rede, geſchiehet. Die vornehmſten Dichter und Redner, ſind um des Erhabenen willen vorgezogen und verewiget worden,
wie Homerus, Demoſthenes und Cicero.

§. 112.

Zu Beyſpielen von dem Erhabenen für den
Verſtand, erwähle ich folgende:

Longin führet dieſe Stelle aus Homero an:
„Es zitterten die hohen Berge, die Wälder und
„Hügel, die Stadt Troja, und die Schiffe
„der Griechen, unter den göttlichen Füſſen
„des ankommenden Neptuns. Als er auf
„den Wellen daher fuhr, ſprungen die Wall-
„fiſche von allen Seiten aus ihren Höhlen her-
„vor, da ſie ihren König erkannten, und das
„fröliche

„fröliche Meer zog sich zurück. Aber seine
„Pferde flogen fort."
Virgilius sagt Aeneid. IX. v. 106. und X.
v. 15. vom Jupiter:

Annuit, et totum nutu tremefecit olympum.

Der Prophet Jesaias braucht in seinem vier-
zigsten Capitel sehr erhabene Vorstellungen von
Gott. v. 12. „Wer misset die Wasser mit der
„Faust, und fasset den Himmel mit der Spanne,
„und begreift die Erde mit einem Dreyling, und
„wieget die Berge mit einem Gewicht, die Hü-
„gel mit einer Wage? v. 15. Siehe! die Hei-
„den sind geachtet wie ein Tropf, der im Eymer
„bleibet, und wie ein Scherflein, so in der Wage
„bleibet. Siehe! die Inseln sind wie ein Stäub-
„lein. v. 22. Er sitzet über dem Kreis der Er-
„den, und die darauf wohnen, sind wie Heu-
„schrecken: der die Himmel ausdehnet wie ein
„dünnes Fell, und breitet sie aus wie eine Hütte,
„darinnen man wohnet. v. 26. Hebet eure Au-
„gen in die Höhe, und sehet: wer hat solche
„Dinge geschaffen, und führet ihr Heer bey der
„Zahl heraus? der sie alle mit Namen ruffet.
„Sein Vermögen und starke Kraft ist so groß,
„daß nicht an einem fehlen kann."

Der David sagt eben so erhaben Psalm 18,
v. 8 - 16. nach Michaelis Uebersetzung: „Da
„wankte und bebete die Erde, die Gründe der
„Berge zitterten und bewegten sich), als er
„(Gott) zornig ward. Dampf stieg auf aus sei-
„ner Nase, und verzehrend Feuer fuhr aus sei-

E 5 „nem

„nem Munde; Kohlen wurden von ihm entzün-
„det. Er neigete den Himmel und fuhr herab,
„und dunkle Wetterwolken waren unter seinen
„Füssen. Er saß auf dem Donnerwagen, und
„flog daher, getragen von den Fittigen der Win-
„de. Finsterniß machte er zu seiner Verhül-
„lung, zum Gezelt um sich her, die Finsterniß
„des Wassers, Wolken auf Wolken gethürmet.
„Vom Glanz, der um ihn war, zerflossen seine
„Wolken, Hagel und glühende Kohlen. Jeho-
„vah donnerte im Himmel, der Höchste gab
„seine Stimme, Hagel und glühende Kohlen.
„Er schoß seine Pfeile, und zerstreuete sie. Er
„stritt mit Blitzen und ließ sie zerschmelzen. Vor
„deinem Schelten, Jehovah, vor dem Hauch
„des Odems deiner Nase, wurden die Quellen
„des Meers aufgedeckt, und die Gründe der
„Erde entblößt.”

Herr Oberconsistorialrath J. E. Silber-
schlag, sagt in der Vorrede zu seiner Theorie,
der am 23. Jul. 1762. erschienenen Feuer-
kugel: „Die Natur schreibt den erstaunlichen
„Namen Jehovah hoch an das Firmament
„des Himmels hin, da stralet er im feurigen
„Sternglanz; jeder Stern eine Sonne, und
„jede Sonne ein Weltsystem: die Offenbarung
„schreibet mit dem Blut des Mittlers das tröst-
„liche Wort hinzu: er ist dein Vater.”

Cicero de finibus lib. 5. cap. 91. 92. beschreibet den überwiegenden Werth, welchen die
Tugend vor allen irdischen Gütern habe, sehr

erhaben,

erhaben, alſo: „Audebo quae ſecundam natu-
„ram ſunt bona appellare, nec fraudare ſuo ve-
„teri nómine potius, quam aliquod nouum ex-
„quirere, — — virtutis autem amplitudinem
„quaſi in altera librae lance ponere. Terram
„mihi crede, ea lanx, et maria deprimet.

Anmerkung. In den Worten Moſis, Gott
ſprach, es werde Licht, und es ward Licht,
findet Longin etwas erhabenes, und andere
ſchreiben ihm dieſes nach. Allein, obgleich
die Sache, welche Moſis durch dieſe Worte
ausdruckt, erhaben iſt, ſo ſind doch die
Worte ſelbſt, ganz gemein. Longin hat ſie
auch nicht in der Bibel ſelbſt geleſen, wie
die Anführung zeiget. ſ. Lettre de Mr. *Huet*
à Mr. le *Duc de Montauſier*, in den Diſſer-
tations ſur diverſer matieres de religion &
de philologie, recueillies par Mr. l'*Abbe de
Tillades*. T. II. p. 1 - 21.

§. 113.

Wer erhabene Gedanken haben und in ſein
Kunſtwerk bringen ſoll, muß nach Longins
richtigen Bemerkung, von Natur die Fähigkeit
beſitzen, ſich von großen Dingen leicht einen
Begriff zu machen, und in lebhafte Gemüthsbewegungen zu verſetzen. Dieſe natürliche Fähigkeit und Gabe, kann durch die Uebung ge-
nährt und vergröſſert, aber auch durch die Mode
der Nation und Zeit, und durch die niedrige
Beſchaffenheit der Dinge, mit welchen man um-
geben iſt, verſchlimmert werden. Als ein
                                   Hülfsmittel

Hülfsmittel zum Erhabenen im Ausdruck, zu
gelangen, preiset Longin die kluge Erwählung
und Verbindung der wesentlichen Theile einer
Sache, an.

§. 114.

Das Gegentheil des Erhabenen sowohl überhaupt, als insonderheit in der Rede, ist nicht
nur das platte, kriechende und frostige, sondern auch das hochtrabende und schwülstige,*) das prächtige, gekünstelte, süsse und
kostbare im Ausdruck, welches eine kindische
Affectation ist, und einen kleinen Geist beweiset,
und der unzeitige und unmäßige Affect.**)
Wer von Natur eine niedrige, knechtische und
kleinmüthige Seele hat, ist des Erhabenen nicht
fähig, denn dieses ist, wie Longin saget, das
Echo der Grosmuth. Eben derselbige führet
vom Frostigen dieses Beyspiel aus dem Timaeo
an. „König Alexander hat sich ganz Asien in
„kürzerer Zeit unterwürfig gemacht, als Isocrates
„angewandt hat, um die Rede zu verfertigen,
„in welcher er zu dem Kriege wider die Perser
„überredete.“ Er bemerket auch, das große
Leute, ein Xenophon, ein Plato, in ihren
Ausdrücken bisweilen aus Unbedachtsamkeit fro-
stig wären: denn bey dieser wird keine Beur-
theilungskraft gebraucht, welche allein das Frostige verhüten kann. Longin macht die Anmerkung, daß die Tragödie, ihrer Natur nach,
für das schwülstige einen Hang habe, und daß es
überhaupt schwer sey, dasselbige ganz zu vermeiden,

den, wenn man nach dem Erhabenen trachte.
Als Beyspiele des verlachenswerthen Schwül=
stigen, führet er Gorgiä Ausdrücke an, welcher
Xerxem, den Jupiter der Perser, und die
Geyer, lebendige Gräber genannt habe, er ver=
gleicht auch das Schwülstige sehr geschickt mit
der Wassersucht, und erinnert an die wahre
Redensart, daß nichts dürrer sey, als ein
Wassersüchtiger. Hierinn liegt der Begriff des
Schwülstigen, welches man auch mit einer
schönen Seiffenwasser=Blase vergleichen könnte.

*) *Horatius de arte poëtica*, v. 27.
———— —— Professus grandia, turget.

**) Diesen unzeitigen und unmäßigen Affect, nennet Lon-
ginus mit Theodoro παρένθυρσον. *Morus:* si ἔνθυρσος
dici poteſt thyrſum geſtans, ideoque Baccho plenus
aut ἔνθεος, erit παρένθυρσος plenus non Bacchico, sed
falſo et ſponte concepto furore: hanc enim vim παρά
in compoſitis centies habet. Ergo et in oratione
παρένθυρσος ejus eſt, quem non ipſa res commonit,
sed qui voluntate affectum ſuſcepit. Der *Parenthyrſus,*
verursacht den ruhigen Zuschauern ein Lachen.

Eine Anmerkung von der zweyten Kraft der schönen Künste.

§. 115.

So wie die abgehandelte geringste Kraft
der schönen Künste und Wissenschaften denen=
jenigen eigen ist, die das zarte, angenehme und
anmuthige Schöne, welches die Sinne und Ein=
bildungskraft auf eine feine Art rühret und rei=
zet, darstellen: also liegt hingegen die abgehan=
delte

delte zweyte oder höhere Kraft, in solchen Werken
der Kunst, in denen ein männlicher und gesetz-
ter Geschmack herrschet, und die einen gewissen
Grad der Wichtigkeit haben.

Dritte und höchste Kraft der schönen Künste und Wissenschaften.

§. 116.

Die höchste Kraft der schönen Künste
und Wissenschaften ist diese, daß sie heilsame
Empfindungen des Guten und Bösen, des Schönen und Häßlichen, und also auch entweder
Verlangen oder Abscheu wirken, und die Seele
von der Empfindung, Betrachtung und Erkenntniß, zur Thätigkeit bringen. Diese Kraft ist
also die Quelle des Geschmacks, der Neigungen
und der Gesinnung, und giebt dem Menschen
seinen sittlichen Werth.

§. 117.

Die Meynung ist nicht, als ob der empfind-
liche Mensch vermittelst der schönen Künste und
Wissenschaften lauter Empfindung und Gefühl,
und dadurch weichlich und schwach werden solle,
sondern sie sollen seiner Empfindsamkeit die Vollkommenheit verschaffen, daß ihr alles Gute und
Schöne angenehm, alles Böse und Häßliche
aber unangenehm, und der Mensch zu einer diesem herrschenden Geschmack gemäßen Thätigkeit,
auch sein sittlich guter Charakter dadurch zu
männlicher Stärke, Festigkeit und Standhaf-
tigkeit, gebracht werde.

§. 118.

§. 118.

Die schönen Künste und Wissenschaften müssen nur solchen Empfindungen und Affekten Leben geben, deren Lebhaftigkeit besonders nützlich ist, nicht aber solchen, die Feindinnen der Weisheit und Tugend sind: denn sie sind nicht dazu bestimmt, die Seele zu verderben, und in verdorbenen Seelen das Böse zu unterhalten und zu vergrössern, sondern sie sollen die Seelen verbessern, und wenn sie tugendhaft sind, auch dieselben erquicken.

§. 119.

Vermöge dieses Grundsatzes, muß ein wahrer, und noch mehr ein grosser Meister einer schönen Kunst und Wissenschaft, seine mühsamen Werke nicht dazu widmen, daß sie dem Leichtsinn eines eitlen Witzes zum Zeitvertreib dienen, oder nur einen müßigen Menschen aus dem Schlummer der Unthätigkeit reissen: denn solche Werke, wenn sie gleich von muntern und lebhaften Witz zeugen, schön und glänzend sind, so sind sie doch im ganzen weiter nichts als Scherz und Tändeley, und erfüllen also die Absicht der Kunst nicht.

§. 120.

Ein Kunstwerk, das nicht nur ergötzet, sondern auch nützet, ist weit rührender, als ein solches, von welchem entweder nur jenes, oder nur dieses gesagt werden kann. Ein Kunstwerk, durch welches die Tugend unmittelbar befördert fordert wird, hat weit mehr Würde und Werth, als ein solches, durch welches sie zwar nicht verletzet, aber auch nicht befördert wird.

*) *Horatius de arte poëtica* v. 343. 344.

    Omne tulit punctum, qui miscuit vtile dulci

    Lectorem delectando pariterque monendo.

§. 121.

Da ein jeder tugendhafter Mensch sich über den tugendhaften Charakter und desselben Belohnung freuet, hingegen Abscheu am Laster, und Betrübnis über das unverdiente Glück des Lasterhaften empfindet: so müssen die schönen Künste und Wissenschaften eben diese Grundsätze um desto mehr beobachten, weil sie, beym gegenseitigen Verfahren, unbeschreiblich schädlich werden können, insonderheit die Mahler- und Dichtkunst.

§. 122.

Handlungen wirken Gemüthsbewegungen, und Gemüthsbewegungen bringen hinwieder Handlungen hervor. Wer also die Ursachen und Eigenschaften der Affekten gründlich kennet, der entdecket gar leicht die Ursachen der Handlungen der Menschen, und ergründet also das menschliche Herz. An dieser Kenntniß ist also den Meistern einiger schönen Künste und Wissenschaften höchst gelegen.

§. 123.

Sie müssen sich auch auf den Ausdruck der Seele durch die Geberden, gründlich verstehen:

denn

denn da ſich die Gemüthsbewegungen gemeinig=
lich durch gewiſſe Bewegungen des Körpers, in=
ſonderheit durch Züge des Geſichts äuſſern und
verrathen, ſo drücken ſie die Seele aus, ſind
auch nur in dieſem Fall bedeutend und ſchön.

§. 124.

Gott hat ſelbſt der lebloſen Natur die Be=
ſchaffenheit gegeben, daß ſie nicht nur ſtarke
Empfindungen, ſondern auch Gemüthsbewe=
gungen erregen kann: denn ſie erweckt bald Ehr=
furcht und Andacht, bald Traurigkeit, bald
Furcht und Schrecken, bald Munterkeit und
Vergnügen. Dieſe ihre Kraft, muß der Land=
ſchaftenmahler, der Dichter und Baumeiſter,
nützlich gebrauchen.

§. 125.

Der Meiſter einer ſchönen Kunſt und Wiſ=
ſenſchaft, welcher ſeinem Kunſtwerk die rührende
Kraft geben will, muß ſelbſt gerührt ſeyn, *)
und entweder dieſen Zeitpunct erwarten, und
ſogleich vortheilhaft gebrauchen, oder, wenn
der Affect nicht von ſelbſt in ihm entſtehet, auch
nicht ſtark genug iſt, denſelben durch dienliche
und hinlängliche Mittel erwecken und verſtärken.
Dieſes iſt das erſte Mittel zur Erregung der
Affecten. Das zwente iſt, daß man dasjenige,
was Affecten erregen ſoll, der Seele alſo vor=
ſtelle, wie es am erſten und beſten, einen lebhaf=
ten Eindruck in dieſelbe machen kann. (§. 74.)

F   Dieſe

Diese Regeln müssen insonderheit die Redner
und Dichter beobachten.

*) *Horatius de arte poëtica* v. 101-104.

 Vt ridentibus arrident, ita flentibus adfunt.
 Humani vultus. Si vis me flere, dolendum eft
 Primum ipfi tibi: tunc tua me infortunia laedent.

§. 126.

Weil die Menschen nach dem Alter und
Temperament, nach den Nationen, Ländern und
Zeiten, sehr unterschieden sind, so darf der Meister einer schönen Kunst nicht hoffen, daß sein
Kunstwerk für alle Menschen rührend seyn werde, es würde auch die Bemühung, demselben
diese Kraft zu geben, vergeblich seyn. Er kann
zufrieden seyn, und hat Ehre genug davon,
wenn er es für seine Zeitgenossen und Landesleute
rührend macht.

§. 127.

Der Ausdruck ist die Seele der schönen
Künste und Wissenschaften. Ohne denselben
können weder Vorstellungen, noch Empfindungen hervorgebracht werden. Je glücklicher ein
Meister in dem seiner Kunst und Wissenschaft,
und den einzelnen Gegenständen derselben, gemäßen Ausdruck ist, je mehr richtet er aus.

§. 128.

In den bildenden Künsten ist der Ausdruck stark, wenn es scheint, als ob die Figuren
leben, Gedanken und Empfindungen hätten.

In

In der Gestalt, in den Zügen, Stellungen und
Bewegungen des menschlichen Körpers, ist eine
ungemeine Kraft, deren sich die bildenden Künste
aufs vortheilhafteste bedienen. Nur der Ge-
sichtszüge insonderheit zu gedenken, so können
sie alles Rührende, Ehrwürdige, Große, und
Erhabene, aber auch alles Verächtliche, Ver-
haßte und Abscheuliche in den Empfindungen
und Characteren denkender Wesen, sichtbar
machen und ausdrücken. Die Dinge, welche
ins Gesicht fallen, sind zwar etwas weniger
kräftig, als die Dinge fürs Gehör; allein sie
haben einen desto größern Umfang.

§. 129.

Redner und Dichter können vermittelst
der Ausdrücke einer sehr gebauten Sprache,
deren sie mächtig sind, nicht nur die Vorstellungen und Begriffe hervorbringen, welche sie
wollen, sondern auch die Herzen ihrer Zuhörer
und Leser lenken wie sie wollen. Es geschiehet
dieses vermittelst des sanften, zierlichen, pathe-
tischen und heftigen in Wörtern und Redens-
arten. Es giebt Worte, welche Traurige frölich,
Frölicht traurig, Harte weich, Herzhafte zit-
ternd, Verzagte muthig, Schwache stark,
Trotzige demüthig, Demüthige stolz machen
können, zumahl wenn sie mit dem ihnen gemäs-
sen Ton ausgesprochen werden.

§. 130.

Die Gewalt und Schnelligkeit, mit welcher
die Tonkunst auf das menschliche Herz wirket,

F 2   ist

ist unvergleichlich. Sie kann es augenblicklich
mit Traurigkeit, Schrecken, Freude, Zärtlich-
keit, Mitleiden, und andern Affecten erfüllen.
Es giebt unerträglich unangenehme, aber auch
unaussprechlich süße und liebliche Töne. Jeder
Affect hat seine besondern Töne.

§. 131.

Weil große und erhabene Gesinnung
der wichtigste Vorzug des Menschen ist, so ist
es für die schönen Künste und Wissenschaften
auf eine vorzügliche Weise Pflicht und Verdienst,
dieselbe zu befördern. Es geschiehet dieses,
wenn sie die Menschen lehren, das Wichtige
vom Unwichtigen, die Hauptsache von den Nebensachen unterscheiden, sie zum Siege über sich
selbst ermuntern, und sie für alles empfindsam
machen, was zu ihrem guten und glückseligen
Zustande auf Zeit und Ewigkeit gehöret, damit
sie geschickt werden, dasselbe im ganzen zu übersehen, es in allen Fällen vor Augen zu haben, und
ihre Wahl, Entschließung und Handlung dar-
nach einzurichten. Dieses vermögen insonderheit die Rede- und Dichtkunst. Daß die schönen Künste das Herz gemeiniglich nur durch
angenehme, und selten durch bessernde Empfindungen rühren, ist nicht ihre, sondern derjeni-
gen Schuld, welche dieselben bearbeiten und
ausüben.

ben, wenn man nach dem Erhabenen trachte. Als Beyspiele des verlachenswerthen Schwül-stigen, führet er Gorgiä Ausdrücke an, welcher Xerxem, den Jupiter der Perser, und die Geyer, lebendige Gräber genannt habe, er ver-gleicht auch das Schwülstige sehr geschickt mit der Wassersucht, und erinnert an die wahre Redensart, daß nichts dürrer sey, als ein Wassersüchtiger. Hierinn liegt der Begriff des Schwülstigen, welches man auch mit einer schönen Seiffenwasser-Blase vergleichen könnte.

*) *Horatius de arte poëtica*, v. 27.
——— ——— Profeſſus grandia, turget.

**) Dieſen unzeitigen und unmäßigen Affect, nennet *Lon-ginus* mit *Theodoro* παρένθυρσον. *Morus:* ſi ἔνθυρσος dici poteſt thyrſum geſtans, ideoque Baccho plenus aut ἔνθεος, erit παρένθυρσος plenus non Bacchico, ſed falſo et ſponte concepto furore: hanc enim vim παρά in compoſitis centies habet. Ergo et in oratione παρένθυρσος ejus eſt, quem non ipſa res commouit, ſed qui voluntate affectum ſuſcepit. Der *Parenthyrſus,* verurſacht den ruhigen Zuſchauern ein Lachen.

Eine Anmerkung von der zweyten Kraft der schönen Künste.

§. 115.

So wie die abgehandelte geringste Kraft der schönen Künste und Wissenschaften denen-jenigen eigen ist, die das zarte, angenehme und anmuthige Schöne, welches die Sinne und Ein-bildungskraft auf eine feine Art rühret und rei-zet, darstellen: also liegt hingegen die abgehan-delte

delte zwepte oder höhere Kraft, in solchen Werken
der Kunst, in denen ein männlicher und geseb=
ter Geschmack herrschet, und die einen gewissen
Grad der Wichtigkeit haben.

Dritte und höchste Kraft der schönen Künste und Wissenschaften.

§. 116.

Die höchste Kraft der schönen Künste
und Wissenschaften ist diese, daß sie heilsame
Empfindungen des Guten und Bösen, des Schö=
nen und Häßlichen, und also auch entweder
Verlangen oder Abscheu wirken, und die Seele
von der Empfindung, Betrachtung und Erkennt=
niß, zur Thätigkeit bringen. Diese Kraft ist
also die Quelle des Geschmacks, der Neigungen
und der Gesinnung, und giebt dem Menschen
seinen sittlichen Werth.

§. 117.

Die Meynung ist nicht, als ob der empfind=
liche Mensch vermittelst der schönen Künste und
Wissenschaften lauter Empfindung und Gefühl,
und dadurch weichlich und schwach werden solle,
sondern sie sollen seiner Empfindsamkeit die Voll=
kommenheit verschaffen, daß ihr alles Gute und
Schöne angenehm, alles Böse und Häßliche
aber unangenehm, und der Mensch zu einer die=
sem herrschenden Geschmack gemäßen Thätigkeit,
auch sein sittlich guter Charakter dadurch zu
männlicher Stärke, Festigkeit und Standhaf=
tigkeit, gebracht werde.

§. 118.

§. 118.

Die schönen Künste und Wissenschaften müssen nur solchen Empfindungen und Affekten Leben geben, deren Lebhaftigkeit besonders nützlich ist, nicht aber solchen, die Feindinnen der Weisheit und Tugend sind: denn sie sind nicht dazu bestimmt, die Seele zu verderben, und in verdorbenen Seelen das Böse zu unterhalten und zu vergrössern, sondern sie sollen die Seelen verbessern, und wenn sie tugendhaft sind, auch dieselben erquicken.

§. 119.

Vermöge dieses Grundsatzes, muß ein wahrer, und noch mehr ein grosser Meister einer schönen Kunst und Wissenschaft, seine mühsamen Werke nicht dazu widmen, daß sie dem Leichtsinn eines eitlen Witzes zum Zeitvertreib dienen, oder nur einen müßigen Menschen aus dem Schlummer der Unthätigkeit reissen: denn solche Werke, wenn sie gleich von muntern und lebhaften Witz zeugen, schön und glänzend sind, so sind sie doch im ganzen weiter nichts als Scherz und Tändeley, und erfüllen also die Absicht der Kunst nicht.

§. 120.

Ein Kunstwerk, das nicht nur ergötzet, sondern auch nützet, ist weit rührender, als ein solches, von welchem entweder nur jenes, oder nur dieses gesagt werden kann. Ein Kunstwerk, durch welches die Tugend unmittelbar befördert

fördert wird, hat weit mehr Würde und Werth, als ein solches, durch welches sie zwar nicht verletzet, aber auch nicht befördert wird.

*) *Horatius de arte poëtica v. 343. 344.*
Omne tulit punctum, qui miscuit vtile dulci
Lectorem delectando pariterque monendo.

§. 121.

Da ein jeder tugendhafter Mensch sich über den tugendhaften Charakter und desselben Belohnung freuet, hingegen Abscheu am Laster, und Betrübnis über das unverdiente Glück des Lasterhaften empfindet: so müssen die schönen Künste und Wissenschaften eben diese Grundsätze um desto mehr beobachten, weil sie, beym gegenseitigen Verfahren, unbeschreiblich schädlich werden können, insonderheit die Mahler- und Dichtkunst.

§. 122.

Handlungen wirken Gemüthsbewegungen, und Gemüthsbewegungen bringen hinwieder Handlungen hervor. Wer also die Ursachen und Eigenschaften der Affekten gründlich kennet, der entdecket gar leicht die Ursachen der Handlungen der Menschen, und ergründet also das menschliche Herz. An dieser Kenntniß ist also den Meistern einiger schönen Künste und Wissenschaften höchst gelegen.

§. 123.

Sie müssen sich auch auf den Ausdruck der Seele durch die Geberden, gründlich verstehen:
denn

denn da sich die Gemüthsbewegungen gemeiniglich durch gewisse Bewegungen des Körpers, insonderheit durch Züge des Gesichts äussern und
verrathen, so drücken sie die Seele aus, sind
auch nur in diesem Fall bedeutend und schön.

§. 124.

Gott hat selbst der leblosen Natur die Beschaffenheit gegeben, daß sie nicht nur starke
Empfindungen, sondern auch Gemüthsbewegungen erregen kann: denn sie erweckt bald Ehr-
furcht und Andacht, bald Traurigkeit, bald
Furcht und Schrecken, bald Munterkeit und
Vergnügen. Diese ihre Kraft, muß der Land-
schaftenmahler, der Dichter und Baumeister,
nützlich gebrauchen.

§. 125.

Der Meister einer schönen Kunst und Wissenschaft, welcher seinem Kunstwerk die rührende
Kraft geben will, muß selbst gerührt seyn, *)
und entweder diesen Zeitpunct erwarten, und
sogleich vortheilhaft gebrauchen, oder, wenn
der Affect nicht von selbst in ihm entstehet, auch
nicht stark genug ist, denselben durch dienliche
und hinlängliche Mittel erwecken und verstärken.
Dieses ist das erste Mittel zur Erregung der
Affecten. Das zweyte ist, daß man dasjenige,
was Affecten erregen soll, der Seele also vor-
stelle, wie es am ersten und besten, einen lebhaften Eindruck in dieselbe machen kann. (§. 74.)

F Diese

Diese Regeln müssen insonderheit die Redner
und Dichter beobachten. [)]

)] *Horatius de arte poëtica* v. 101-104.

Vt ridentibus arrident, ita flentibus adsunt.
Humani vultus. Si vis me flere, dolendum eſt
Primum ipſi tibi: tunc tua me infortunia laedent.

§. 126.

Weil die Menſchen nach dem Alter und
Temperament, nach den Nationen, Ländern und
Zeiten, ſehr unterſchieden ſind, ſo darf der Meiſter einer ſchönen Kunſt nicht hoffen, daß ſein
Kunſtwerk für alle Menſchen rührend ſeyn werde, es würde auch die Bemühung, demſelben
dieſe Kraft zu geben, vergeblich ſeyn. Er kann
zufrieden ſeyn, und hat Ehre genug davon,
wenn er es für ſeine Zeitgenoſſen und Landesleute
rührend macht.

§. 127.

Der Ausdruck iſt die Seele der ſchönen
Künſte und Wiſſenſchaften. Ohne denſelben
können weder Vorſtellungen, noch Empfindungen hervorgebracht werden. Je glücklicher ein
Meiſter in dem ſeiner Kunſt und Wiſſenſchaft,
und den einzelnen Gegenſtänden derſelben, gemäßen Ausdruck iſt, je mehr richtet er aus.

§. 128.

In den bildenden Künſten iſt der Ausdruck ſtark, wenn es ſcheint, als ob die Figuren
leben, Gedanken und Empfindungen hätten.

Ju

In der Gestalt, in den Zügen, Stellungen und
Bewegungen des menschlichen Körpers, ist eine
ungemeine Kraft, deren sich die bildenden Künste
aufs vortheilhafteste bedienen. Nur der Ge-
sichtszüge insonderheit zu gedenken, so können
sie alles Rührende, Ehrwürdige, Große, und
Erhabene, aber auch alles Verächtliche, Ver-
haßte und Abscheuliche in den Empfindungen
und Characteren denkender Wesen, sichtbar
machen und ausdrücken. Die Dinge, welche
ins Gesicht fallen, sind zwar etwas weniger
kräftig, als die Dinge fürs Gehör; allein sie
haben einen desto größern Umfang.

§. 129.

Redner und Dichter können vermittelst
der Ausdrücke einer sehr gebauten Sprache,
deren sie mächtig sind, nicht nur die Vorstellungen und Begriffe hervorbringen, welche sie
wollen, sondern auch die Herzen ihrer Zuhörer
und Leser lenken wie sie wollen. Es geschiehet
dieses vermittelst des sanften, zierlichen, pathe-
tischen und heftigen in Wörtern und Redens-
arten. Es giebt Worte, welche Traurige frölich,
Frölich traurig, Harte weich, Herzhafte zit-
ternd, Verzagte muthig, Schwache stark,
Troßige demüthig, Demüthige stolz machen
können, zumahl wenn sie mit dem ihnen gemäs-
sen Ton ausgesprochen werden.

§. 130.

Die Gewalt und Schnelligkeit, mit welcher
die Tonkunst auf das menschliche Herz wirket,

F 2   ist

ist unvergleichlich. Sie kann es augenblicklich
mit Traurigkeit, Schrecken, Freude, Zärtlich-
keit, Mitleiden, und andern Affecten erfüllen.
Es giebt unerträglich unangenehme, aber auch
unaussprechlich süße und liebliche Töne. Jeder
Affect hat seine besondern Töne.

§. 131.

Weil große und erhabene Gesinnung
der wichtigste Vorzug des Menschen ist, so ist
es für die schönen Künste und Wissenschaften
auf eine vorzügliche Weise Pflicht und Verdienst,
dieselbe zu befördern. Es geschiehet dieses,
wenn sie die Menschen lehren, das Wichtige
vom Unwichtigen, die Hauptsache von den Nebensachen unterscheiden, sie zum Siege über sich
selbst ermuntern, und sie für alles empfindsam
machen, was zu ihrem guten und glückseligen
Zustande auf Zeit und Ewigkeit gehöret, damit
sie geschickt werden, dasselbe im ganzen zu übersehen, es in allen Fällen vor Augen zu haben, und
ihre Wahl, Entschliessung und Handlung dar-
nach einzurichten. Dieses vermögen insonderheit die Rede- und Dichtkunst. Daß die schönen Künste das Herz gemeiniglich nur durch
angenehme, und selten durch bessernde Empfindungen rühren, ist nicht ihre, sondern derjeni-
gen Schuld, welche dieselben bearbeiten und
ausüben.

Lightning Source UK Ltd.
Milton Keynes UK
UKHW020622201218
334296UK00006B/261/P

9 780331 073294